« Jésus appelle ses disciples à faire des disciples. Nous savons tous qu'on doit le faire. Mais nous ne savons pas comment le faire. Si vous êtes un chrétien ordinaire ou un pasteur ordinaire qui aspire simplement à aider les autres à suivre Jésus, cet excellent petit livre de Mark Dever a été écrit pour vous. »

GAÉTAN BRASSARD, pasteur principal de l'Église Le Portail

« Mark Dever nous livre dans ce petit ouvrage un plaidoyer percutant pour une vie chrétienne continuellement orientée vers les autres : le frère ou la sœur appelé à grandir dans sa foi, comme le voisin ou collègue qui a besoin de rencontrer Jésus-Christ. Une lecture riche, concrète et stimulante pour tout chrétien, mais qui interpellera particulièrement les pasteurs et les responsables d'Église. »

MATTHIEU SANDERS, pasteur de l'Église évangélique baptiste de Paris-Centre, auteur du livre *Introduction à l'herméneutique biblique*

« Une lecture attentive de ce petit livre aura un grand impact sur votre vie personnelle et sur la vie de votre Église. D'une manière saine, Dever désire replacer le discipulat au cœur de l'Église et de sa vie communautaire. Son désir est d'outiller les membres de nos Églises afin qu'ils contribuent intentionnellement à l'édification de leurs frères et sœurs en Christ.

Pour ma part, j'entends relire ce livre plusieurs fois et inviter notre conseil d'Église à faire de même. »

TREVOR HARRIS, pasteur de l'Église évangélique internationale (IBC) de Jurbise, Belgique ; coresponsable de l'association Prêche la Parole ; professeur à l'Institut Biblique de Genève

« Mark Dever a un don pour prendre les Écritures et les mettre en application d'une manière simple et pratique. Cet ouvrage est un encouragement pour tous les croyants à prendre cette responsabilité de passer le flambeau de la foi aux autres, et ce, non seulement pour qu'ils puissent faire de même à leur tour, mais aussi pour les équiper afin qu'ils puissent mettre leur foi en pratique et atteindre une maturité spirituelle qui reflétera le nom de Christ ici-bas ! »

MICHAËL CARON, pasteur, Église Évangélique Baptiste de Shawinigan-Sud ; partenaire du ministère 9Marks pour la francophonie

« Si vous voulez passer à un niveau supérieur dans votre vie spirituelle et votre leadership, prenez le temps de lire ce livre. Il n'est pas seulement biblique, mais aussi concret et facile à lire. Il se distingue des autres livres par l'accent qu'il met sur l'Église locale et son rôle dans la formation de disciples. Lisez-le et partagez-le avec votre entourage. »

RONNIE FLOYD, président, Southern Baptist Convention ; pasteur principal, Cross Church, Springdale, Arkansas

« Mark Dever est connu pour être un prédicateur fidèle et exégétique de la Parole de Dieu. Mais ce que vous ne savez peut-être pas, c'est que Mark forme intentionnellement des disciples. Qu'il déjeune avec des responsables laïcs en discutant des applications concrètes du message du dimanche ou qu'il discute avec de jeunes stagiaires du programme de l'Église, Mark agit toujours comme il voudrait que les autres agissent. Je crois que son héritage ne se restreint pas aux pages de ce livre, mais qu'il réside dans le cœur des hommes en qui il s'est investi personnellement. Ne vous contentez pas de lire ce livre. Mettez en œuvre dans votre propre vie les principes bibliques qu'il énonce. »

ROBBY GALLATY, pasteur principal, Long Hollow Baptist Church, Hendersonville, Tennessee

« J'aime beaucoup lire des livres dont les auteurs sont remplis de zèle pour les sujets qu'ils abordent. Il arrive souvent que j'aie envie d'imiter leur exemple avant même d'arriver à la dernière page du livre. Si vous connaissez Mark Dever, vous savez qu'il est un formateur de disciples engagé. La vie de disciple est une vocation pour lui. Ces pages racontent ce qui le motive, comment il forme des disciples et comment il donne envie aux membres de son Église de faire de même. Préparez-vous à vivre une expérience qui changera votre vie au fur et à mesure que vous lirez cet ouvrage ! »

CONRAD MWEBE, pasteur, Kabwata Baptist Church, Lusaka, Zambie

« Ce livre persuade, exhorte et instruit les disciples de Christ à propos de l'appel à mener une vie de formation de disciples. Il offre également un aperçu encourageant de ce qui arrive dans la vie d'un pasteur et de son assemblée lorsqu'on répond à cet appel. Mark Dever nous fait revenir aux Écritures et nous enracine dans l'Église. Il met l'accent sur les responsables d'Églises, mais nous pousse à être tous attentifs. Cela peut sembler évident, mais nous devons nous rappeler que le processus de formation de disciples est l'appel clair et joyeux de chaque croyant. »

KATHLEEN B. NIELSON, directrice de Women's Initiatives, The Gospel Coalition

« À l'aide d'idées simples, mais profondes, Mark Dever prend le dernier commandement de Jésus de faire des disciples et nous enseigne ce que cela implique pour nous et pour nos Églises. En répondant à nos questions sur la formation de disciples, le pourquoi, le quoi, le où et le comment, pasteur Mark nous forme à suivre Christ en aidant d'autres à le suivre, à connaître la vérité et à la vivre pleinement. Tout disciple de Christ devrait lire ce livre ! C'est le meilleur livre que j'ai lu sur la formation de disciples. »

JANI ORTLUND, vice-présidente, Renewal Ministries ; auteure de *Fearlessly Feminine* et *His Loving Law, Our Lasting Legacy*

« Voici un livre destiné à renforcer les Églises et qui partage des conseils concrets sur les rouages de la formation de disciples. Il reflète l'amour de Mark Dever pour Jésus et son peuple. Son positionnement ferme quant à la vie de disciple dans le contexte et les limites de l'Église locale est l'ecclésiologie "vintage" de Dever. Il a un œil attentif sur les pasteurs et leur parle de leur rôle avec gentillesse et clarté. Dever m'a personnellement mis au défi, car il priorise la formation de disciples malgré toutes ses autres responsabilités. Si Mark le fait, je peux le faire ! »

GRANT J. RETIEF, responsable d'Église, Christ Church, Umhlanga, Durban, Afrique du Sud

« Mark Dever rappelle au lecteur que former des disciples est un mandat biblique motivé par l'obéissance au commandement de Christ et l'amour pour les autres. Il rappelle que cet effort n'est pas réservé à une minorité. Il ne réduit pas les personnes à des projets, il nous incite au contraire à développer intentionnellement des relations avec elles. Cela demande d'investir du temps dans la vie des personnes qui sont intéressées et motivées à suivre Jésus. Enfin, seuls les enseignants véritablement humbles devraient former des disciples de Jésus, car "tout disciple accompli sera comme son maître" (Lu 6.40). Ce livre évoque tout cela et bien plus encore. Après l'avoir lu, vous le recommanderez certainement à d'autres. Je sais que je le ferai ! »

MIGUEL NÚÑEZ, pasteur principal, International Baptist Church, Santo Domingo ; président, Wisdom and Integrity

FAIRE DES DISCIPLES

FAIRE DES DISCIPLES

Comment aider
les autres à
suivre Jésus

MARK DEVER

éditions
cruciforme

Édition originale en anglais sous le titre :
Discipling: How to Help Others Follow Jesus

Publié par Crossway, un ministère de Good News Publishers.
1300 Crescent Street, Wheaton, IL 60187, U.S.A.

Pour l'édition française :
Faire des disciples : comment aider les autres à suivre Jésus

Publié par Éditions Cruciforme
230, rue Lupien, Trois-Rivières (Québec)
G8T 6W4 – Canada
Site Web : www.editionscruciforme.org

Traduction : Emilie Bapst
Révision : Catherine Côté
Relecture : Louise Denniss
Adaptation couverture et mise en page : Rachel Major

ISBN : 978-2-924595-57-2

Dépôt légal – 3e trimestre 2019
Bibliothèque et Archives nationales du Québec
Bibliothèque et Archives Canada

Impression n° N09203200205 • Sepec • Rue de Prony • 01960 Péronnas • France

TABLE DES MATIÈRES

PRÉFACE DE LA SÉRIE

Pensez-vous qu'il est de votre devoir de contribuer à l'édification d'une Église en bonne santé ? Si vous êtes chrétien, nous croyons que c'est le cas.

Jésus vous ordonne de faire des disciples (Mt 28.18-20). Jude vous exhorte à vous édifier sur votre très sainte foi (Jud 20,21). Pierre vous appelle à mettre au service des autres le don que vous avez reçu (1 Pi 4.10). Paul vous recommande de professer la vérité dans l'amour pour que votre Église croisse à tous égards (Ép 4.13,15). Suivez-vous notre raisonnement ?

Que vous soyez membre ou dirigeant d'une Église, les livres de la série « Bâtir des Églises en bonne santé » visent à vous aider à accomplir ces ordonnances bibliques et à jouer ainsi votre rôle dans l'édification d'une Église en bonne santé. Autrement dit, nous espérons que ces livres vous aideront à aimer davantage votre Église comme Jésus l'aime.

9Marks envisage de produire un livre concis et accessible sur chacune des caractéristiques que Mark Dever a appelées les *neuf traits essentiels* d'une Église en bonne santé, outre un volume sur la saine doctrine. Ces ouvrages portent sur la prédication textuelle, la théologie biblique, l'Évangile, la conversion, l'évangélisation, l'adhésion à l'Église locale, la discipline d'Église, la formation de disciples et leur croissance, ainsi que la direction de l'Église.

Les Églises locales existent pour manifester la gloire de Dieu aux nations. Leurs membres y parviennent en fixant les yeux sur l'Évangile de Jésus-Christ, en faisant confiance au Seigneur pour le salut de leur âme et en s'aimant les uns les autres dans la sainteté, l'unité et l'amour de Dieu. Que le Seigneur puisse utiliser ce livre pour vous aider à poursuivre ce but.

Dans l'espérance,

Mark Dever et Jonathan Leeman
Éditeurs de la série

PRÉFACE À L'ÉDITION FRANÇAISE

« Allez, faites de toutes les nations des disciples [...] et enseignez-leur à observer tout ce que je vous ai prescrit » (Mt 28). Avouons-le, notre merveilleux Seigneur nous a confié une tâche pour le moins intimidante. « Toutes les nations de la terre » suffirait à en décourager plus d'un, mais il faut aussi ajouter à cela l'extraordinaire mandat de leur enseigner à observer tout ce que « l'homme par excellence » nous a enseigné.

Qui d'entre nous peut prétendre incarner entièrement les enseignements du Christ ? Nous luttons tous pour vivre à la lumière de ses enseignements si merveilleux et parfaits, et je comprends pourquoi tant de chrétiens n'osent pas se lancer dans l'entreprise de faire des disciples de Jésus-Christ. Pour accepter ce grand mandat, nous devons nous appuyer, par la foi, sur la promesse du maître de nous accompagner de sa puissance tous les jours. Et heureusement, nous pouvons aussi nous tourner vers de solides enseignants qui font des disciples depuis des années pour apprendre de leur expérience.

Mark Dever est l'un de ces pasteurs qui ont fait leur priorité de faire, eux-mêmes, des disciples. J'ai le privilège, depuis plusieurs années, de pouvoir discuter avec lui et les pasteurs qui l'entourent. Mark est tout à la fois un excellent enseignant de la Parole et un disciple qui fait des disciples avec passion, humilité et sagesse. Je m'investis personnellement dans la formation de disciples depuis de nombreuses années, et pourtant j'ai beaucoup appris en observant le ministère de Mark.

Si vous êtes disposés à suivre Christ, ce court ouvrage vous sera très utile pour aider de jeunes disciples à suivre Jésus à leur tour. La beauté de ce livre est qu'il simplifie grandement l'approche, et nous accompagne, pas à pas, dans la formation de disciples. À sa lecture, vous découvrirez la simplicité et la joie d'accompagner des hommes et des femmes dans leur croissance à la ressemblance de Jésus-Christ.

Je crois que nous sommes tous appelés à nous investir dans la formation de disciples, et je sais que ce livre outillera d'innombrables disciples de Jésus-Christ pour cette belle mission qui nous a été confiée.

Yanick Ethier
Pasteur, président de SOLA et membre du conseil de TGC Canada

INTRODUCTION

Pendant des années, ma femme a dû supporter ma réticence à demander des directions pour trouver mon chemin. Voyez-vous, je sais que je suis doté d'un bon sens de l'orientation! Bien sûr, ma connaissance du chemin à emprunter n'est pas toujours à la hauteur de ma confiance en moi-même. Voici ce qu'elle dit de moi : « Il est toujours sûr de lui, et parfois il a raison. »

Je ne suis pas le seul à vouloir me frayer mon propre chemin. Les gens aiment ces mots de Robert Frost : « Deux routes divergeaient dans un bois, j'ai pris la moins fréquentée et c'est cela qui a fait toute la différence. » Henry David Thoreau a dit un jour : « Si un homme ne marche pas au pas de ses camarades, c'est qu'il entend le son d'un autre tambour. » William Ernest Henley a écrit cette phrase célèbre : « Je suis le maître de mon destin, je suis le capitaine de mon âme. »

Les poètes et les écrivains ne sont pas les seuls à aimer leur indépendance. De manière générale, les gens ne s'impliquent plus dans des clubs, des associations civiques et des Églises locales, déclare Robert Putnam dans *Bowling Alone* (Jouer seul au bowling). Dans son livre intitulé *Seuls ensemble : de plus en plus de technologies, de moins en moins de relations humaines,* Sherry Turkle décrit cette pratique désormais courante au sein des familles d'envoyer des textos à des amis tout en s'ignorant à la table. De plus en plus de personnes choisissent de vivre seules, fait remarquer Eric Klinenberg dans *Going Solo* (En Solo)[1].

Klinenberg écrit :

> En 1950, par exemple, seulement quatre millions d'Américains vivaient seuls et ils représentaient moins de 10 % du total des foyers. Aujourd'hui, plus de trente-deux millions d'Américains vivent en solo. À l'échelle nationale, ils représentent 28 % de tous les foyers. Ils sont plus de 40 % dans des villes comme San Francisco, Seattle, Atlanta, Denver et Minneapolis et près de 50 % à Washington, D. C. et Manhattan, les deux capitales de la nation solo[2].

Et cette tendance n'est pas propre à l'Amérique. D'après Klinenberg, à Stockholm en Suède, 60 % des foyers ne sont constitués que d'un seul occupant[3].

Que se passe-t-il ? Klinenberg constate que les habitants accordent de moins en moins d'importance à l'espace et de plus en plus de valeur à la proximité des commodités comme les magasins, les restaurants et les salles de sport. Les *singletons,* comme il les appelle, refaçonnent ce qui les entoure de sorte que tout soit pratique pour eux. En revanche, les engagements communautaires doivent être facultatifs et temporaires.

Nous sommes à l'ère des iPhone, des iPad, d'iTunes et, qu'on se le dise, de l'*i-life* (littéralement, de la vie du « moi »). Mais y a-t-il de la place dans ce genre de vie individualiste pour l'aspect communautaire du christianisme ?

Au cœur du christianisme se trouve le désir de Dieu d'avoir un peuple qui reflète son caractère. Les chrétiens accomplissent un tel mandat en obéissant à sa Parole dans leurs relations avec lui et avec les autres. Il a envoyé son Fils pour se constituer un peuple qui le suit. Suivre le Fils implique entre autres d'en appeler d'autres à le suivre. Et c'est par leur vie communautaire que ce peuple reflète la communion du Père, du Fils et de l'Esprit. Ensemble, ils manifestent l'amour, la sainteté et l'unité de Dieu.

C'est pourquoi, avant de monter au ciel, son Fils a donné ce dernier commandement : « Allez, faites de toutes les nations des disciples » (Mt 28.19). En d'autres termes, la vie de ces gens devrait être vouée à aider d'autres personnes à suivre Jésus.

Voilà la définition de *faire des disciples* que j'utiliserai dans ce livre : aider les autres à suivre Jésus. C'est là le sous-titre de ce livre. Voici une autre manière de définir la formation de disciples : faire intentionnellement du bien à quelqu'un sur le plan spirituel afin qu'il soit davantage comme Christ. La *vie* de disciple est l'expression que j'emploie pour décrire notre propre marche avec Christ. *Faire* des disciples est une sous-catégorie qui consiste à aider quelqu'un d'autre à suivre Christ.

Dans la vie chrétienne, nous sommes formés en tant que disciples et nous formons des disciples. Le christianisme implique de prendre le chemin le moins fréquenté et de marcher au son d'un tambour différent, mais pas à la manière dont Frost et Thoreau en parlent. Le christianisme n'est pas pour les solitaires ou les individualistes. Il est destiné à des gens qui voyagent ensemble sur le chemin étroit qui conduit à la vie. Nous devons suivre et nous devons conduire. Nous devons être aimés et nous devons aimer. Et la meilleure manière d'aimer les autres est de les aider à suivre Jésus sur le chemin qui mène à la vie.

Est-ce de cette façon que vous comprenez le christianisme et ce que cela implique d'être un chrétien ?

QU'EST-CE QU'UN DISCIPLE ?

Avant d'être en mesure de faire des disciples, nous devons devenir nous-mêmes des disciples. Nous devons nous assurer que nous suivons Christ.

Qu'est-ce qu'un disciple ? Un disciple est une personne qui en suit une autre. On peut être un disciple en suivant l'enseignement de quelqu'un, comme une personne affirmerait suivre l'enseignement et l'exemple de Gandhi. Toutefois, être un disciple de Christ va bien plus loin. Un disciple de Jésus marche effectivement sur les pas de Jésus et agit selon son enseignement et sa vie. Mais cela ne s'arrête pas là.

Suivre Jésus implique tout d'abord d'avoir une relation personnelle et salvatrice avec lui. La Bible dit que nous sommes en « communion » avec lui (Ph 2.1). Nous avons été unis à lui grâce à la nouvelle alliance scellée par son sang. Par sa mort et sa résurrection, toute la culpabilité liée à notre péché est devenue la sienne et sa justice est devenue la nôtre.

Autrement dit, être un disciple de Christ ne débute pas par quelque chose que nous *faisons,* mais par ce que Christ a déjà *fait.* Jésus est le bon berger qui a donné sa vie pour ses brebis (Jn 10.11). Il aime l'Église et c'est pour cela qu'il s'est sacrifié pour elle (Ép 5.25). Il a payé une dette qui n'était pas la sienne, mais la nôtre, puis il nous a unis à lui en tant que peuple saint.

Dieu est bon et il nous a créés bons, mais chacun d'entre nous a péché en se détournant de Dieu et de sa loi qui est bonne. Et c'est justement parce qu'il est bon que Dieu punira notre péché. Cependant, la bonne nouvelle du christianisme est que Jésus a mené la vie parfaite que nous aurions dû mener et il a subi la mort qui nous était destinée. Il s'est offert lui-même comme substitut et sacrifice pour tous ceux qui choisiraient de se repentir de leur péché et de ne placer leur confiance qu'en lui seul. C'est ce que Jésus a appelé la nouvelle alliance en son sang.

La vie de disciple commence donc par l'acceptation de ce don gratuit : la grâce, la miséricorde, la relation avec Dieu et la promesse d'une vie éternelle.

Comment pouvons-nous accepter ce don et nous unir à lui ? Par la foi ! En nous détournant de nos péchés et en le suivant, en nous confiant en lui en tant que Sauveur et Seigneur. À un certain moment de son ministère, Jésus s'est tourné vers une foule et a dit : « Si quelqu'un veut venir après moi, qu'il renonce à lui-même, qu'il se charge de sa croix, et qu'il me suive » (Mc 8.34).

Notre vie de disciple de Christ commence lorsque nous entendons ces deux mots et y obéissons : « Suis-moi. »

Cher ami, si vous devenez chrétiens, peu importe comment d'autres enseignants le présentent, écoutez Jésus. Il enseigne qu'être chrétien signifie de renoncer à soi-même, se charger de sa croix et le suivre. La réponse fondamentale à l'amour radical de Dieu pour nous est de l'aimer radicalement en retour.

Être chrétien veut dire être un disciple. On ne peut pas être l'un sans l'autre. Et être un disciple de Jésus signifie suivre Jésus. On ne peut pas être un disciple de Jésus sans suivre Jésus. Cocher une case dans un sondage, nous identifier sincèrement à la religion de nos parents ou préférer le christianisme aux autres religions ne fait pas de nous des chrétiens. Les chrétiens sont des personnes qui ont une foi réelle en Christ et qui la démontrent en lui remettant tous leurs espoirs, leurs craintes et leur vie entière. Ils le suivent, peu importe où il les conduit. Ce n'est plus nous qui déterminons l'emploi du temps de notre vie, c'est Jésus-Christ qui le fait pour nous. Nous lui appartenons. Paul a dit : « Vous ne vous appartenez point à vous-mêmes [...] vous avez été rachetés à un grand prix » (voir 1 Co 6.19,20). Jésus n'est pas simplement notre Sauveur, il est aussi notre Seigneur.

Paul l'a formulé ainsi : « Il est mort pour tous, afin que ceux qui vivent ne vivent plus pour eux-mêmes, mais pour celui qui est mort et ressuscité pour eux » (2 Co 5.15). Que signifie mourir à soi-même et vivre pour lui ? Don Carson a dit : « Mourir à soi-même veut dire considérer qu'il vaut mieux mourir que convoiter ; qu'il vaut mieux mourir que mentir ; qu'il vaut mieux mourir que... [nommez un péché]. »

Mener une vie chrétienne, c'est mener une vie de disciple. Cela commence en devenant un disciple de Christ.

POURQUOI FAIRE DES DISCIPLES ?

Cependant, la vie chrétienne, c'est aussi une vie où l'on fait des disciples. Les disciples font des disciples. Nous suivons celui qui appelle les gens à le suivre en appelant d'autres à le suivre. Pourquoi le faisons-nous ? Par amour et par obéissance.

L'amour. La motivation à faire des disciples commence par l'amour de Dieu et rien d'autre. Il nous a aimés en Christ, alors nous l'aimons. Et nous l'aimons entre autres en aimant ceux qu'il a placés autour de nous.

Lorsqu'un scribe a demandé à Jésus quel était le plus grand commandement, Jésus a tout d'abord répondu : « Tu aimeras le Seigneur, ton Dieu, de tout ton cœur, de toute ton âme, de toute ta pensée, et de toute ta force » (Mc 12.30). Ce que Dieu veut par-dessus tout, c'est que nous l'aimions tous, et que nos ambitions, nos motivations, nos désirs, nos espoirs, notre réflexion, notre raisonnement, notre force et notre énergie soient éclairés, purifiés et soumis à sa Parole.

En fait, la profondeur de notre dévotion pour Dieu sera démontrée par notre amour pour ceux qui ont été créés à l'image de Dieu. Dans ce passage, le scribe s'attendait à ce que Jésus lui réponde par un seul commandement, mais la réponse en contenait deux : « Voici le second, tu aimeras ton prochain comme toi-même. Il n'y a pas d'autre commandement plus grand que ceux-là » (v. 31). Ignorer le deuxième commandement revient à ignorer le premier. L'amour pour Dieu est indissociable de l'amour pour notre prochain et notre amour pour Dieu doit être manifesté par notre amour pour notre prochain. Cela accomplit la mission de l'amour.

L'amour de Dieu pour nous entraîne une réaction en chaîne. Il nous aime, alors nous l'aimons et puis nous aimons les autres. Jean résume ce phénomène ainsi : « Nous l'aimons parce qu'il nous a aimés le premier. Si quelqu'un dit : J'aime Dieu, et qu'il haïsse son frère, c'est un menteur ; car celui qui n'aime pas son frère qu'il voit, comment peut-il aimer Dieu qu'il ne voit pas? Et nous avons de lui ce commandement : Que celui qui aime Dieu aime aussi son frère» (1 Jn 4.19-21).

Si l'on prétend aimer Dieu sans démontrer cet amour envers notre prochain, cela indique que nous aimons un faux dieu et il s'agit d'une autre forme d'idolâtrie. Dans ces versets, Jésus et Jean reconnectent des liens qui ont été brisés lors de la chute.

Faire des disciples, c'est-à-dire faire intentionnellement du bien sur le plan spirituel pour aider d'autres à suivre Christ, démontre notre amour pour Dieu et pour les autres mieux que quoi que ce soit d'autre.

L'obéissance. Elle est liée à notre amour. Jésus enseigne : «Si vous m'aimez, gardez mes commandements» (Jn 14.15; voir aussi 14.23; 15.12-14). Et qu'a-t-il donné comme commandement? «Allez, faites de toutes les nations des disciples, les baptisant au nom du Père, du Fils et du Saint-Esprit, et enseignez-leur à observer tout ce que je vous ai prescrit. Et voici, je suis avec vous tous les jours, jusqu'à la fin du monde » (Mt 28.19,20). Notre obéissance consiste en partie à conduire les autres à obéir.

Le dernier commandement de Jésus n'était pas de mener une résistance armée contre Rome, ni de se venger de ses meurtriers. Au contraire, Jésus a regardé ses disciples et il leur a demandé de faire des disciples, pas seulement d'en être eux-mêmes.

Jésus ne fait pas de distinction entre ceux à qui ce mandat a été donné et les autres. Il promet sa présence à tous les chrétiens, comme la Pentecôte l'a démontré par la suite. Et cette promesse s'étend jusqu'à la fin des temps, bien après l'époque des apôtres. Dans le reste du Nouveau Testament, tous les chrétiens se sont chargés de cette tâche selon leurs capacités, leurs possibilités et leurs appels. Ce Grand Mandat est confié à tous ceux qui deviennent disciples de Jésus. Ce commandement concerne les chrétiens de toutes les époques.

Faire des disciples est une tâche élémentaire du christianisme. Comment cela pourrait-il être plus clair? Si nous ne travaillons pas à faire des disciples, peut-être que nous ne sommes tout simplement pas ses disciples.

OÙ ET COMMENT FAIRE DES DISCIPLES ?

Il y a toutefois encore une chose à noter dans ce dernier commandement de Jésus. C'est où et comment il souhaite que nous accomplissions cette mission. Nous devons faire des disciples de toutes les nations par l'intermédiaire de nos Églises.

De toutes les nations. Avant de commander à ses disciples de faire des disciples, Jésus a déclaré qu'il avait reçu toute autorité dans les cieux et sur la terre, et qu'ils devaient « aller ». L'autorité de Jésus est universelle et il en va de même de sa préoccupation pour les hommes. L'universalité de son autorité et de son attention rend notre mission universelle elle aussi : nous allons vers toutes les nations. Faire des disciples ne s'arrête pas aux frontières d'Israël, du Moyen-Orient ou de l'Afrique. Le christianisme ne se limite pas non plus à l'Europe ou à l'Asie. Christ a toute autorité, donc nous devons faire des disciples de toutes les nations.

Par l'intermédiaire de nos Églises. Après avoir dit aux disciples de faire des disciples, il leur explique comment le faire, c'est-à-dire en baptisant et en enseignant.

Il est vrai que le missionnaire ou l'évangéliste voyage dans le monde, au bureau, à l'école, dans le quartier, que ce soit ici ou de l'autre côté du globe. Or, le ministère des sacrements et le ministère de l'enseignement s'opèrent d'abord dans les Églises. Elles s'acquittent du Grand Mandat et faire des disciples est le travail des Églises.

Une bonne communion et la formation de disciples peuvent bien sûr se produire en dehors du cadre de l'Église. Néanmoins, à travers les ministères du baptême et de la sainte cène confiés à l'Église, nous nous reconnaissons mutuellement comme croyants. Cela nous permet de nous rendre des comptes sur le plan spirituel, ce qui est bénéfique dans les relations de disciples. Grâce à l'enseignement offert par l'Église et par les anciens, les chrétiens apprennent à obéir à toutes les directives données par Jésus.

Normalement, le premier endroit où les chrétiens devraient chercher à être formés en tant que disciples et à en former d'autres est au sein de l'Église locale, que ce soit lors des rassemblements ou en dehors. David Wells a émis cette remarque : « Il est très facile de bâtir des Églises où se rassemblent des personnes en recherche. Mais il est très difficile de bâtir des Églises où la foi biblique mûrit et engendre une vie authentique de disciple[4]. »

CONCLUSION

Le but de ce livre est de vous aider à comprendre ce qu'est la formation de disciples selon la Bible et de vous encourager dans votre obéissance à Christ. Comme je l'ai dit précédemment, la formation de disciples biblique consiste à aider d'autres à suivre Jésus en leur faisant intentionnellement du bien sur le plan spirituel. Le contexte de l'Église favorise la formation de disciples. De nos jours, il est facile pour les chrétiens de passer à côté de cette réalité.

Lorsque nous nous rendons à l'église le dimanche, cherchons-nous uniquement à obtenir quelque chose ou cherchons-nous également des façons de redonner aux autres ? Comment utilisons-nous notre temps libre et nos temps de repas durant la semaine ? Élaborons-nous des stratégies d'évangélisation ou des moyens d'édifier d'autres chrétiens ?

Peut-être pensez-vous que vous avez besoin d'être davantage formés avant de pouvoir former d'autres personnes à votre tour. Il est effectivement primordial d'être soi-même un disciple. Néanmoins, c'est à vous que Jésus a donné ce commandement de faire des disciples. Et être un disciple consiste entre autres à faire des disciples. On grandit soi-même en maturité lorsqu'on aide d'autres à grandir en maturité. Dieu veut que nous fréquentions une église, pas simplement pour qu'elle réponde à nos besoins, mais pour que nous soyons équipés et encouragés pour prendre soin des autres.

Le christianisme, la religion de la Bible, n'est pas pour les individualistes convaincus qui n'ont besoin de personne. C'est une religion pour les disciples de Christ qui le suivent et incitent d'autres personnes à faire de même.

Première partie

QUE SIGNIFIE FAIRE DES DISCIPLES ?

1

L'INFLUENCE EST INÉVITABLE

Les caractéristiques ou « attributs » de Dieu nous montrent qui il est. Les théologiens divisent ses attributs en deux catégories : ce qui est transmissible et ce qui ne l'est pas. Les attributs transmissibles peuvent être communiqués ou partagés avec nous, comme l'amour ou la sainteté de Dieu. Nous pouvons nous aussi être aimants et saints. Ses attributs intransmissibles, en revanche, sont ceux qu'il est le seul à posséder, comme son omniprésence (il est partout) ou son omniscience (il sait tout).

Un autre attribut intransmissible de Dieu est son immuabilité. Il ne change pas. Nous changeons. Lui, non.

L'HUMAIN EST CHANGEANT

Vous vous dites peut-être : « Vous ne connaissez pas toutes les habitudes qu'a mon mari ! » C'est vrai. Je ne les connais pas. Mais je vous promets une chose : les habitudes de votre mari sont peut-être profondément ancrées, mais nous, les êtres humains, changeons constamment.

Nous naissons, nous grandissons, nous vieillissons et nous mourrons. Tout cela représente du changement. Nous apprenons des choses que nous ne savions pas et nous oublions des choses que nous savions. Nous devenons plus comme Dieu, ou moins comme Dieu. Tout cela représente aussi du changement.

Bien sûr, les circonstances nous affectent, parfois en bien et parfois en mal.

Dieu ne change pas, mais nous, oui. Par nature, nous changeons et nous sommes des créatures changeantes.

De plus, nous vivons dans un monde marqué par un grave conflit spirituel. Pierre savait que le monde faisait pression sur ses lecteurs : « Aussi trouvent-ils étrange que vous ne vous précipitiez pas avec eux dans le même débordement de débauche, et ils vous calomnient » (1 Pi 4.4). Paul avait mentionné que le prince de la puissance de l'air était à l'œuvre dans les fils de la rébellion (Ép 2.2). C'est pour cette raison qu'il nous exhorte à ne pas nous conformer au siècle présent, mais à être transformés par le renouvellement de l'intelligence (Ro 12.2).

Augustin, le pasteur africain du Ve siècle, a décrit ce conflit spirituel comme un affrontement entre deux cités, la cité de l'homme et la cité de Dieu. Ces deux cités veulent nous recruter pour participer à leur œuvre. La réalité qui en découle est que les humains peuvent changer de manière positive ou négative.

NOUS INFLUENÇONS ET NOUS SOMMES INFLUENCÉS

Autrement dit, en tant qu'humains, nous pouvons être influencés.

L'autre jour, je marchais pour me rendre à ma banque, la même banque dont mon ami Matt m'avait parlé lorsque j'ai emménagé dans ce quartier il y vingt ans. Ensuite, je suis allé chez mon coiffeur, celui que Matt m'avait conseillé lorsque j'ai emménagé dans ce quartier il y a vingt ans. Matt m'a montré les endroits qu'il fréquentait et ce sont ceux que j'ai fréquentés à mon tour. Matt a *fait* de moi un *disciple* pour me montrer comment vivre dans ce quartier. Et me voilà, vingt ans plus tard, capable de trouver seul mon chemin vers la banque et le coiffeur. Souvenez-vous de ce que Jésus a dit : tout disciple accompli sera comme son maître (Lu 6.40).

Je voudrais aller encore plus loin : nous sommes tous inévitablement influencés par les autres et nous les influençons nous aussi à notre tour. Paul écrit : « Les mauvaises compagnies corrompent les bonnes mœurs » (1 Co 15.33), et « un peu de levain fait lever toute la pâte » (5.6). Les personnes de votre entourage vous *influenceront*, pour le meilleur ou pour le pire. Et vos actions *affecteront* les gens qui vous entourent, pour le meilleur ou pour le pire. Même en son absence, un père absent influence ses enfants. Aucun de nous n'est une île.

COMMENT UTILISERONS-NOUS NOTRE INFLUENCE ?

Nous devons nous poser cette dernière question : comment allons-nous utiliser cette influence ?

Vous ne pensiez peut-être pas que vous aviez de l'influence, mais c'est pourtant le cas ! Nous sommes créés à l'image de Dieu et Dieu est si imposant que même l'empreinte de son image est imposante. Notre vie a un impact sur notre entourage, même si nous sommes au bas de l'échelle ou si nous ne nous sentons pas respectés par les autres autour de nous.

Regardons ce que Paul a enseigné aux serviteurs de maîtres injustes ou aux femmes mariées à des non-croyants (1 Pi 2.18-20 ; 3.1). Il sait que ces deux catégories de personnes peuvent exercer une certaine influence par leur fidélité. Paul explique qu'une femme mariée à un non-croyant peut gagner le cœur de son mari « sans parole par *[sa]* conduite ». Dans les deux cas, c'est Jésus-Christ qui donne l'exemple. En souffrant pour nous, il a apporté la guérison et la vie (2.21-25).

En d'autres mots, nous pouvons avoir une influence par les dons que Dieu nous a donnés lorsqu'il nous a créés. De plus, nous pouvons exercer une influence grâce à l'Évangile et aussi étonnant que cela puisse paraître, l'impact que nous avons dans la vie des gens par l'Évangile ne provient pas toujours de nos forces, mais aussi de nos faiblesses. Dieu agit ainsi afin que sa puissance s'accomplisse dans notre faiblesse et qu'il reçoive toute la gloire (voir 2 Co 12.9).

Alors je le répète, vous *avez* de l'influence. Comment allez-vous utiliser la vôtre ? Lorsque vous sortirez du vestibule de cette vie pour entrer dans la salle de l'éternité, qu'aurez-vous laissé derrière dans la vie des autres ?

D'après la Bible, un disciple de Christ forme d'autres disciples en les aidant à suivre Christ. Est-ce de cette façon que vous exercez votre influence ?

2

UNE VIE ORIENTÉE VERS LES AUTRES

Si vous n'avez jamais vu de porcs se ruer sur la mangeoire à l'heure du repas, vous pouvez au moins l'imaginer. Ils se poussent, se bousculent, grouinent et engouffrent autant qu'ils peuvent sans penser aux autres.

Voici une question étrange à laquelle il est intéressant de réfléchir : est-ce de cette manière que vous avez assisté au culte dimanche dernier ?

Non, je ne suis pas en train de dire que vous êtes un porc. Mais prenez le temps d'y penser. Où vous êtes-vous garé ? À quelle heure êtes-vous arrivé à l'église ? Où vous êtes-vous assis ? À qui avez-vous parlé ? Chacune de ces décisions vous a fourni une occasion de vous ouvrir aux autres et de vous joindre à l'œuvre de Christ, ou au contraire, de rester centré sur vous-même et de faire ce qui vous convient le mieux. Dans quel cas vous reconnaissez-vous ? À chacune de ces décisions, avez-vous réfléchi intentionnellement à la meilleure façon de bénir les autres ?

Si nous sommes disciples de Jésus, cela signifie que nous orientons nos vies vers les autres comme Jésus l'a fait. Cela signifie que nous travaillons à leur bien. L'amour pour les autres est au cœur de la vie de disciple. Nous visons à servir les autres pour Christ, car le Fils de l'homme est venu, non pour être servi, mais pour servir et donner sa vie comme la rançon de beaucoup (Mc 10.45).

La vie de disciple est une vie orientée vers les autres. Proclamer Christ et aider d'autres à devenir matures en Christ manifeste la puissance de Dieu. C'est le modèle enseigné par la Bible.

LE MODÈLE BIBLIQUE

Avant même que Christ ne soit nommé dans les Écritures, Dieu inscrit ces leçons dans la création elle-même à travers la famille. Par exemple, pensons à la façon dont Dieu fait de nous des parents. Il nous a dotés du désir de donner d'énormes quantités d'attention bienveillante pour éduquer une personne, en prendre soin et la conduire vers la maturité.

Dans l'Israël antique, il utilise le pouvoir de ces relations parentales comme des canaux qui déversent l'eau de sa Parole. Moïse transmet les dix commandements. Il enseigne au peuple d'Israël à aimer Dieu, puis il l'instruit ainsi : « Et ces commandements, que je te donne aujourd'hui, seront dans ton cœur. Tu les inculqueras à tes enfants, et tu en parleras quand tu seras dans ta maison, quand tu iras en voyage, quand tu te coucheras et quand tu te lèveras » (De 6.6,7). Dans ce passage, Dieu nous donne une grande leçon sur la façon de former d'autres êtres humains à devenir des disciples. Faire des disciples implique de transmettre la connaissance de Dieu et de sa Parole à tout moment de la vie.

La Bible est remplie de relations où une personne en instruit une autre, même en dehors du contexte de la famille. Je pense par exemple à Moïse, qui a formé Josué pour qu'il soit son successeur. Je pense aussi à Eli avec Samuel et à Élie avec Élisée.

Et bien sûr, le plus grand formateur de disciples est Jésus-Christ. Le christianisme n'est pas né à la suite de la commercialisation d'un produit de masse et ses voyages n'ont fait l'objet d'aucune couverture médiatique. Ce mouvement est né d'une série d'engagements personnels de la part d'un petit groupe d'hommes sur une période de trois ans.

Certes, les foules venaient souvent à Jésus et la nouvelle de ses miracles se répandait parfois comme une traînée de poudre. Cependant, du sein de ces grandes foules, Jésus a appelé un plus petit groupe de disciples à le suivre. Il s'est particulièrement investi en eux. L'Évangile selon Marc nous raconte que Jésus « appela ceux qu'il voulut, et ils vinrent auprès de lui. Il en établit douze, pour les avoir avec lui et pour les envoyer prêcher » (Mc 3.13-15).

Les Douze ont confessé que Jésus était le Messie. Ils ont passé la plus grande partie de leur temps avec lui. Et il voulait les « avoir avec lui ». (J'aime beaucoup cette partie!) Parmi les Douze, il était particulièrement proche de trois d'entre eux : Pierre, Jacques et Jean.

Mais on pourrait se dire : « C'est Jésus! Bien sûr que c'était le cas. Il est Dieu! »

D'accord. Prenons alors l'exemple de l'apôtre Paul. Actes 16 relate l'un des voyages missionnaires de Paul. Or, le chapitre commence par la présentation d'un disciple nommé Timothée. Puis, il est dit que « Paul voulut l'emmener avec lui » (v. 3). Tout comme Jésus avec ses disciples, Paul voulait que Timothée soit avec lui, qu'il voyage avec lui, qu'il l'accompagne dans son œuvre pour le royaume. On peut facilement présumer que Paul avait fait de Timothée un disciple comme un père de l'Ancien Testament aurait fait de son fils un disciple, c'est-à-dire en lui enseignant la Parole de Dieu assidument alors qu'ils marchaient, qu'ils se couchaient et qu'ils se levaient.

Des décennies plus tard, Paul dira à Timothée d'en faire de même avec d'autres : « Et ce que tu as entendu de moi en présence de beaucoup de témoins, confie-le à des hommes fidèles, qui soient capables de l'enseigner aussi à d'autres » (2 Ti 2.2). Les ambitions de Paul en matière de formation étaient multigénérationnelles. Il voulait avoir des petits-enfants spirituels. Timothée (enfant) était chargé de trouver des hommes fidèles (petits-enfants) capables eux-mêmes d'en former d'autres (arrière-petits-enfants).

TRAVAILLER DUR ET COMBATTRE

Comment pourriez-vous personnellement suivre ce modèle biblique et vous investir dans des enfants spirituels ? C'est la question à laquelle répondra ce livre. Néanmoins, Colossiens 1.28,29 nous donne un point de départ intéressant.

Lorsque j'étais jeune chrétien, j'ai choisi ces deux versets pour ma vie. Paul écrit à l'Église de Colosses, une ville située dans l'actuelle Turquie occidentale. Il rappelle à ces chrétiens ce qu'il avait fait pour eux : « C'est lui que nous annonçons, exhortant tout homme, et instruisant tout homme en toute sagesse, afin de présenter à Dieu tout homme, devenu parfait en Christ. C'est à quoi je travaille, en combattant avec sa force qui agit puissamment en moi » (Col 1.28,29).

Paul travaille dur. Il combat. Si nous voulons faire du bien aux autres, nous devons faire de même.

Vous êtes-vous déjà demandé comment vous entraîner sur le plan spirituel ? Peut-être vous a-t-on donné certains conseils : « Mange ceci. » « Prononce ces mots. » « Fais cette prière. » « Lis cet auteur. » « Fais telle expérience. » « Assiste à cette conférence. » « Cherche en toi-même. »

Non ! La puissance spirituelle se développe plutôt par l'effort soutenu, l'exercice vigoureux que constitue une vie consacrée au service des autres. Le terme « en combattant » employé dans Colossiens 1.29 peut également être traduit par « souffrance ». Autrement dit, la puissance spirituelle découle de la souffrance et non de l'extase. Vous voulez faire l'expérience de la puissance de Dieu et d'une foi qui agit? Alors participez au combat pour le bien des autres, comme Christ a lui-même travaillé et combattu pour notre bien.

La vraie foi chrétienne n'est pas une foi paresseuse. C'est une foi qui agit, comme celle de Paul.

L'ŒUVRE PUISSANTE DE DIEU

Cependant, Paul se vante-t-il au sujet de sa tâche ardue et du fait qu'il combat pour eux? Pas du tout. Relisons les derniers mots de ce passage : avec la force de *Dieu* qui agit puissamment en lui. Le mérite de tout ce que Paul avait fait pour les Colossiens ne lui revenait pas, mais appartenait plutôt à Dieu. Nous souhaitons contribuer au bien des autres et les influencer au nom de Christ comme nous en avons parlé au chapitre précédent? Cela n'arrivera que si l'Esprit de Dieu agit en nous et à travers nous.

Être conscients que Dieu travaille en nous enraye l'orgueil. Cela nous rappelle que tout ce que nous avons, tout ce que nous sommes, et tout ce que nous pouvons faire et accomplir vient de Dieu. Si nous constatons que notre travail porte du fruit, nous n'avons aucune raison de nous enorgueillir. C'est Dieu qui fait le travail, c'est sa puissance. Tout fruit spirituel contribue à le glorifier.

Savoir que Dieu est à l'œuvre enraye la peur. Si nous sommes convaincus que Dieu travaille en nous et que nous sommes attachés à ses objectifs, nous pouvons laisser de côté la crainte que notre travail soit vain ou mal orienté. Nous pouvons abandonner la peur de perdre la santé ou la richesse. Ces choses peuvent disparaître, mais le travail qu'il accomplit à travers nous durera éternellement.

ANNONCER ET PRÉSENTER

Regardons de plus près les deux mots utilisés dans ces mêmes versets qui nous parlent des intentions de Paul, c'est-à-dire annoncer et présenter : « C'est lui que nous *annonçons* [...] afin de *présenter* à Dieu tout homme, devenu parfait en Christ. » Il annonce pour ensuite présenter. Annonçons d'abord la Parole de Dieu, puis présentons les saints devenus matures en Christ. Ces deux mots nous indiquent à la fois comment et pourquoi Paul travaille dur et combat (en annonçant afin de pouvoir présenter).

Paul explique également ce qu'annoncer implique : « C'est lui que nous annonçons, exhortant tout homme, et instruisant tout homme en toute sagesse. » L'annonce de Paul consiste à exhorter et à instruire. Il met en garde les Églises contre ce qui est sans valeur et condamnable, et il leur enseigne à être unis dans la richesse et la sagesse de l'Évangile. Il ne se contente pas de mettre en garde et d'instruire les gens de façon aléatoire. Il met en garde *chacun* et instruit *chacun*, une personne après l'autre.

Quelques versets plus loin, Paul parle de son désir de voir les Colossiens « enrichis d'une pleine intelligence » (2.2). Il est important de remarquer l'accumulation des mots : *enrichis* d'une *pleine* intelligence ! Il s'agit ici d'un vrai trésor de sagesse et de connaissance ! La maturité consiste en grande partie à savoir discerner le bien du mal, le vrai du faux et ce qui est précieux de ce qui est futile. Voilà comment Paul veut présenter un peuple de Dieu pleinement mature et développé.

La formation de disciples a lieu dans le présent, mais elle a en vue le dernier jour. Elle demande une réflexion à long terme. Elle nécessite d'adopter une mentalité d'investisseur, en sachant que le bénéfice est éternel. Cet investissement est réalisé à travers la Parole de Dieu. Nous devons annoncer. La Parole de Dieu est la graine qui finit par porter du fruit même si nous ne voyons pas les effets sur le moment. Semez la Parole dès maintenant. Semez avec votre mari ou votre femme et avec vos enfants. Semez avec les autres membres de l'Église. Et faites confiance à Dieu, car sa Parole ne revient pas sans effet. Plus tard, vous pourrez admirer les récoltes. Les croyants matures seront prêts à recevoir Christ lorsqu'il reviendra.

Vivre pour les autres est ce que Paul a fait toute sa vie. Il a même écrit des lettres à des chrétiens qu'il n'avait jamais rencontrés, comme les Colossiens, pour les encourager à persévérer dans l'Évangile. On pourrait dire que sa vie était cruciforme, c'est-à-dire en forme de croix. Il a pris au sérieux l'appel de Christ, il a porté sa croix et l'a suivi. Comme Christ, il a souffert dans l'obéissance à Dieu pour le bien des autres.

Vous reconnaissez-vous dans ces mots ? Imaginez à quoi ressemblerait votre vie si vous travailliez avec « sa force qui agit puissamment » en vous !

QUELQUES MOTS AUX PASTEURS

Si vous êtes pasteur ou envisagez d'entamer un ministère pastoral, vous devriez prendre le temps de méditer sur ce passage. Remarquez que ce ministère implique à la fois d'annoncer la Parole de Dieu et de travailler pour présenter un peuple mature devant lui.

Cela nécessite un altruisme total de notre part. Il y a plusieurs bons côtés au fait d'être pasteur, mais l'empreinte du péché qui marque à la fois les membres et les pasteurs d'une Église peut rendre la tâche très difficile. Si vous êtes pasteur, vous devez travailler dur et mener un véritable combat par amour pour les membres de votre assemblée. Il se peut toutefois qu'à l'occasion, certains répondent à votre amour en décrivant à quel point il est défaillant et insuffisant.

C'est pourquoi votre dur labeur et la peine que vous vous donnez ne doivent pas reposer sur l'amour que vous leur portez ou inversement. Ils doivent reposer sur votre amour pour Christ, son amour pour vous et pour eux. Il les a rachetés avec son sang et vous devez les lui *présenter.* C'est pour *lui* que vous faites tout cela.

Bien sûr, cette mission concerne tous les chrétiens. Nous faisons des disciples, nous enseignons et nous avertissons pour être en mesure de présenter les personnes que nous aimons à Dieu, parce que nous l'aimons aussi et parce qu'il nous a aimés bien plus encore.

LA FOI AUTHENTIQUE POUSSE À AGIR POUR LES AUTRES

La foi chrétienne authentique n'est pas à l'image des porcs que j'ai évoqués un peu plus tôt. Elle ne cherche pas son intérêt et n'est pas paresseuse. Comme celle de Paul, elle agit. Elle agit en faveur des autres. Elle agit avec l'énergie que Dieu nous donne et qui est à l'œuvre en nous. Elle agit lorsqu'on annonce, met en garde et enseigne. Elle agit afin que d'autres puissent être présentés comme matures en Christ lorsqu'il reviendra.

Nous n'en voyons pas toujours immédiatement les fruits. Pour faire des disciples, nous devons ressembler à l'agriculteur patient qui sème ses cultures avec la ferme assurance qu'elles finiront par pousser. Nous faisons confiance à Dieu pour qu'il utilise sa Parole, même si nous n'en voyons jamais les fruits. Comme un écrivain l'a dit un jour : « La semence demeurera peut-être sous terre où nous la rejoindrons un jour, et *alors seulement elle germera et en sortira*[1] ! » Pour moi, faire des disciples est le seul moyen d'évangéliser des non-chrétiens et d'équiper des chrétiens au seul endroit où je ne pourrai jamais aller, c'est-à-dire l'avenir après ma vie sur terre. Former des disciples est désormais ma manière de poser des bombes à retardement de grâce.

Un disciple est une personne qui fait des disciples. D'abord, il annonce pour qu'il puisse présenter plus tard. Nommez quelques personnes dans votre vie que vous voudriez présenter comme matures et pieuses lors du dernier jour. Avez-vous des noms en tête ? Comment leur annoncez-vous aujourd'hui l'Évangile qui les préparera pour plus tard ?

3

LE TRAVAIL DE FORMATION DE DISCIPLES

Faire des disciples ne semble pas être le moyen le plus évident d'établir et de renforcer un royaume. La construction d'un royaume est généralement le produit de batailles entre rois, de guerres de dynasties, de grandes fortunes ou d'idéologies politiques d'hommes âgés avec de longues barbes grises.

Cependant, Jésus a conclu son temps sur terre en commandant à ses disciples de faire des disciples. Est-ce réellement ainsi que sera bâti son royaume ? Revenons à ce que Jésus enseigne avant de mourir :

> Le royaume des cieux est semblable à un grain de sénevé qu'un homme a pris et semé dans son champ. C'est la plus petite de toutes les semences, mais, quand il a poussé, il est plus grand que les légumes et devient un arbre, de sorte que les oiseaux du ciel viennent habiter dans ses branches (Mt 13.31,32).

Jésus a enseigné à ses disciples à vivre en gardant les yeux fixés non pas sur le jour présent ou le lendemain, mais sur l'éternité. Nous essayons d'aider les autres à suivre Jésus. Nous faisons intentionnellement du bien sur le plan spirituel, nous prions pour la propagation de l'Évangile, nous annonçons la Parole de Dieu et nous faisons tout cela en gardant les yeux fixés sur la fin des temps. Oui, nous pouvons voir des fruits maintenant, mais l'objectif reste de présenter des personnes matures en Christ au dernier jour.

Que peut-on dire de plus sur la formation de disciples ? J'ai expliqué qu'elle consiste à aider d'autres personnes à suivre Jésus et à leur faire du bien sur le plan spirituel. Mais pour compléter tout cela, faire des disciples consiste également à initier une relation dans laquelle nous enseignons, corrigeons, montrons l'exemple et aimons. Cela exige une très grande humilité.

INITIER

Faire des disciples implique d'entreprendre quelque chose. Ce n'est pas passif et cela peut être légèrement gênant. On ne peut pas faire de tout le monde des disciples, on doit donc faire des choix parmi plusieurs personnes. Concrètement, nos horaires coïncident-ils ?

Nous devons également discerner non seulement les gens qui ont besoin d'aide, mais aussi ceux qui savent qu'ils ont besoin d'aide et qui sont disposés à la recevoir. Dans l'ensemble, nous ne devons pas perdre de temps avec des personnes qui ne sont pas prêtes à accueillir favorablement un enseignement, car cela nous fera effectivement *perdre* du temps. Recherchons plutôt des personnes qui se comportent comme le fils sage du livre des Proverbes et qui reçoivent les conseils et l'instruction.

Il faut garder à l'esprit que former des disciples parmi les croyants ne signifie pas toujours de jouer le rôle du sage ou d'être une source de sagesse semblable à celle de Socrate qui a réponse à tout. Dans l'Évangile, former des disciples implique parfois de montrer la voie en confessant ses faiblesses et son péché. En agissant de la sorte, on montre à quoi ressemble une vie où la justification vient de Christ et non de nous-mêmes. On mène alors une vie de transparence et d'honnêteté. Autrement dit, la vie de disciple ne consiste pas seulement à démontrer nos forces, mais également à dévoiler nos faiblesses. « Nous portons ce trésor dans des vases de terre, afin que cette grande puissance soit attribuée à Dieu, et non pas à nous » (2 Co 4.7).

Néanmoins, nous initions une relation même si c'est la personne en face de nous qui nous a demandé de la former. C'est nous qui, jusqu'à un certain point, conduisons la relation en passant intentionnellement du temps avec cette personne pour lui indiquer la voie de Christ. L'épouse du mari non chrétien, que nous avons évoquée dans le premier chapitre, agit de la sorte rien que par sa conduite fidèle.

EN DEHORS DE L'ÉGLISE ET AU SEIN DE L'ÉGLISE

La première étape de la formation de disciples peut impliquer qu'on se lie d'amitié avec une personne non chrétienne. Nous lui expliquons l'Évangile et l'appelons à la repentance et à la foi. Une fois qu'elle se repent et croit, elle devrait être baptisée et considérée comme membre de l'Église. En d'autres termes, faire des disciples implique de l'évangélisation, puis une conversion.

Si votre Église ressemble à la mienne, elle a également le privilège d'accueillir régulièrement de nouveaux membres déjà convertis, mais jeunes dans leur foi. Le commandement du grand mandat de faire des disciples par le ministère des sacrements et de l'enseignement nous ordonne aussi de les former, à la fois individuellement et collectivement. Nous nous asseyons ensemble pour écouter la Parole et nous partageons ensemble la sainte cène pour proclamer la mort du Seigneur et nous rappeler les uns aux autres que « nous qui sommes plusieurs, nous formons un seul corps » (1 Co 10.17).

Lorsque les membres de l'Église rentrent chez eux, le ministère de l'enseignement et la supervision devraient se poursuivre dans leur vie quotidienne. Cela peut se faire en semaine lors d'un café-dessert le soir, un brunch le samedi matin ou simplement en pliant le linge ou en faisant des courses au supermarché. Faire des disciples est une tâche qui est valable pour tous les jours de la semaine alors que des membres se rencontrent pour discuter, prier, s'encourager et s'entraider dans leur combat pour l'amour et la sainteté.

ENSEIGNER

Faire des disciples, dans son essence, consiste à enseigner. Nous enseignons avec des mots. Nous enseignons toutes les paroles que Jésus enseignait lui-même à ses disciples et toutes les paroles de la Bible.

Sur le plan collectif, c'est la raison pour laquelle ma propre Église utilise la prédication textuelle et consécutive des livres de la Bible, en alternant entre l'Ancien et le Nouveau Testament ainsi qu'entre de longs passages des Écritures et de plus courts. Nous encourageons également les gens à participer à notre programme d'école du dimanche pour adultes qui propose un cursus de plusieurs années couvrant différents domaines de la vie chrétienne. Une fois que les personnes ont terminé le cursus, nous les encourageons à inciter quelqu'un d'autre à y participer. Notre Église promeut également le ministère de bons livres.

Sur le plan interpersonnel, l'enseignement peut se poursuivre lorsque les gens apprennent à avoir des conversations spirituellement pertinentes entre eux. En tant que pasteur, j'encourage cela et j'en parle presque chaque dimanche. Il n'y a rien de mal à parler de football ou de l'école que les enfants fréquentent, mais parlons aussi du sermon de dimanche dernier. Discutons avec nos amis de ce que Dieu nous a enseigné à son sujet. Les petits groupes peuvent également faciliter ce genre de relations.

CORRIGER

Il arrive que former quelqu'un consiste à l'avertir au sujet des choix qu'il fait. Nous pouvons aider les gens à grandir en leur enseignant des vérités générales, c'est vrai. Mais nous pouvons aussi le faire en corrigeant leurs erreurs particulières. Être chrétien, c'est entre autres reconnaître que le péché nous trompe et que nous avons besoin d'autres croyants pour nous aider à voir ce que nous ne pouvons pas voir sur nous-mêmes. Je dis souvent que se joindre à une Église est comme jeter de la peinture sur l'homme invisible. Dans le cadre d'une relation de formation de disciples, de nouveaux péchés deviennent visibles.

Nous pouvons d'ailleurs entamer ce type de relation en invitant les autres à nous corriger et en leur rendant cette tâche plus facile. Cependant, nous devons craindre Dieu plus que l'homme, étant prêts à corriger les autres lorsque c'est nécessaire, au risque d'être rejetés pour cette raison.

En fin de compte, ce travail de correction doit être effectué par toute l'assemblée et avoir lieu lorsqu'un membre se montre davantage engagé envers son péché qu'envers Christ. Après plusieurs avertissements, la personne est exclue des membres et du repas du Seigneur (Mt 18.15-20). Toutefois, dans l'Église, la majorité des corrections devraient être effectuées dans le contexte privé d'une relation de formation de disciples.

DONNER L'EXEMPLE

Il faut préciser que Jésus n'a pas simplement commandé à ses disciples *d'enseigner*. Il leur a demandé d'*enseigner aux gens à obéir*. Le but de la formation de disciples est de voir des vies transformées. Cela implique bien plus que de lire un livre ou même la Bible avec une autre personne. En fin de compte, former des disciples exige de vivre soi-même une vie de chrétien devant les autres. Christ est notre exemple. Il nous a « laissé un exemple, afin que *[nous suivions]* ses traces » (1 Pi 2.21).

Nous communiquons non seulement avec nos mots, mais aussi avec notre vie entière. Une relation de formation de disciples nécessite bien plus qu'un enseignement académique (comme celui du dimanche). Elle exige le genre d'instruction qui ne peut être offert que dans le cadre d'un stage pour un travail, ou avec un entraîneur personnel ou un coach. Un stagiaire apprend en écoutant, en regardant, en participant et au fil du temps, en se voyant confier progressivement plus de responsabilités. Mais par-dessus tout, faire des disciples peut être calqué sur ce que Dieu a prévu pour la famille. Les pères et les mères enseignent en paroles et en actes, dans tous les domaines de la vie, et conduisent ensuite les enfants vers la vie adulte.

En réalité, la formation de disciples est une forme de mannequinat. Nous ne présentons pas de vêtements à un photographe, mais nous démontrons plutôt une mode ou un style de vie pour que d'autres puissent les suivre. Faire des disciples consiste à les inviter à nous imiter en faisant de notre foi en Christ un exemple à suivre. Par conséquent, nous devons être prêts à être observés et même à inviter des personnes dans notre vie afin qu'elles puissent le faire. Dans mon Église par exemple, chacun des anciens adopte cette approche pour que nos membres puissent mettre en pratique le conseil cité dans l'épître aux Hébreux : « Souvenez-vous de vos conducteurs qui vous ont annoncé la parole de Dieu. Considérez quelle a été la fin de leur vie, et imitez leur foi » (13.7). Nous devrions tous à notre tour être en mesure de dire ces mots de Paul aux autres chrétiens de notre entourage : « Soyez mes imitateurs, comme je le suis moi-même de Christ » (1 Co 11.1). C'est sûrement pour cette raison que les biographies de chrétiens sont si pertinentes.

UN AMOUR MUTUEL

Pour ajouter une dimension supplémentaire, je dirais que faire des disciples est une forme d'amour mutuel. Cela ressemble un peu à la relation entre un enseignant et un étudiant. Mais à cela, il faut ajouter de la réciprocité et de l'amour, car la formation de disciples est souvent à double sens. En tant que fervent pratiquant de cette approche, et ce, depuis longtemps, je peux affirmer que j'ai souvent été servi, béni et encouragé dans la foi par ceux que je formais. Même lorsque c'est moi qui œuvre pour leur bien spirituel, ils me font spirituellement du bien en retour. Ils m'aident à mieux suivre Jésus. Ensemble, nous apprenons ce que Paul enseigne dans Colossiens 3.16 : « Que la parole de Christ demeure en vous dans toute sa richesse ; instruisez-vous et exhortez-vous les uns les autres en toute sagesse. »

Nous travaillons ensemble pour appliquer ces paroles d'Hébreux 10.24,25 : « Veillons les uns sur les autres, pour nous exciter à l'amour et aux bonnes œuvres. N'abandonnons pas notre assemblée, comme c'est la coutume de quelques-uns ; mais exhortons-nous réciproquement, et cela d'autant plus que vous voyez s'approcher le jour. » En faisant des disciples, mon but est d'aimer les jeunes chrétiens en les aidant à vivre en gardant à l'esprit le dernier jour. Néanmoins, ils reconnaissent que ma capacité à agir ainsi dépend de leur capacité à m'aider à faire de même.

L'HUMILITÉ

Dans les prochains chapitres, je parlerai plus en détail de la façon d'appliquer tout cela. Mais pour le moment, je voudrais ajouter qu'aider les autres à suivre Jésus ne peut pas se faire sans risque. Il faut autant d'humilité pour être formé que pour former des disciples. La formation de disciples implique des choses difficiles : dire non, persévérer dans l'épreuve, savoir quand soutenir quelqu'un et le faire *vraiment.* Nos invitations peuvent être déclinées et nos conseils rejetés.

Comme j'ai mentionné précédemment, nous formons des disciples grâce à nos forces, mais aussi grâce à nos faiblesses. La formation de disciples n'est pas un travail d'experts et de technocrates. Pour reprendre un ancien dicton, c'est plutôt l'œuvre d'un mendiant qui pointe un morceau de pain à un autre mendiant.

Erin Wheeler, l'épouse de Brad qui a été pasteur à mes côtés à Washington, D. C. avant de diriger une autre Église, a relaté dans un article rédigé pour 9 Marks comment elle avait appris ces leçons durant leur ministère à Washington. Un jour, une femme de l'Église est venue frapper à sa porte pour être formée. Erin l'a invitée à entrer, a fermé la porte derrière elle et s'est mise à penser en elle-même :

> C'est un désastre. Je n'ai aucune idée de ce que je fais là. Il n'y a probablement rien que je puisse « enseigner » aujourd'hui avec mes voyous d'enfants complètement fous et mon cœur mal disposé à l'égard de mon mari. Je ne devrais former personne. Je suis celle qui a besoin d'être formée ! Mon Dieu, qu'attends-tu de moi ?

Et pourtant, Dieu a vite montré à Erin qu'il pouvait l'utiliser autant dans ses faiblesses que dans ses moments de force. Ces femmes plus jeunes dans la foi avaient besoin que quelqu'un leur montre ce que c'était d'aimer Dieu avec son cœur, son âme, son esprit et sa force, dans les bons moments, mais aussi dans les moments difficiles. Erin raconte :

> Lorsque je formais ces jeunes femmes, j'essayais de les instruire, de leur poser des questions, de discuter avec elles autour

> d'un livre et de prier, mais elles m'ont toutefois confié plus tard que la plupart du temps, elles avaient tiré les meilleures leçons simplement en m'observant. Elles ont observé Dieu utiliser ma faiblesse dans mon combat pour rester patiente les jours où j'avais, depuis un bon moment déjà, dépassé mes limites. Elles m'ont regardée m'efforcer d'aimer mon mari après leur avoir partagé mes difficultés avec les exigences du ministère qui l'accaparaient.

Ces femmes étaient en première ligne pour observer le réel vase d'argile qu'elle était (2 Co 4.7). Cependant, apprendre à vivre avec la perspective de l'Évangile l'a encouragée à continuer à se déverser comme une offrande de libation (Ph 2.17) en sachant que Dieu allait utiliser sa fragilité comme une plateforme pour révéler sa force.

Et effectivement, encore et encore, Dieu s'est montré fidèle pour pourvoir à tout ce dont elle avait besoin pour aimer et servir ces sœurs plus jeunes. Elle conclut en disant ceci :

> Des années plus tard, Dieu a amené une nouvelle sœur et amie dans notre Église. Elle venait passer le samedi après-midi chez nous pendant que mon mari était occupé à préparer son sermon. Chaque fois qu'elle venait, il semblait y avoir un nouveau problème. Si ce n'était pas un accès de rage chez l'un des enfants, c'était les toilettes qui débordaient ! C'est au cours de l'une de ces crises que je l'ai regardée en souriant, confiante dans le *moment* parfait du Seigneur et que je lui ai dit : « Tu sais, Dieu doit vraiment t'aimer pour te laisser voir tout ça. »

> Notre assurance ne se trouve pas dans une maison parfaite et des enfants sages, mais dans le fait qu'au milieu du bourbier, l'Esprit de Dieu est à l'œuvre. Même dans notre faiblesse, Dieu utilise nos paroles pour avertir les inactifs, pour encourager les timides, pour réconforter les faibles et pour faire preuve de patience envers tous, pour sa gloire[1].

L'Église locale est le meilleur endroit pour développer de telles relations. Une Église peut être riche de relations de mentorat même si ces dernières ne sont pas officiellement appelées « relations de formation de disciples ». Après tout, la formation de disciples se résume à des membres d'une Église qui prennent la responsabilité de se préparer mutuellement à la gloire, comme Erin et ces femmes l'ont fait les unes pour les autres. C'est une façon de voir l'idée du Nouveau Testament selon laquelle nous sommes un royaume de prêtres et une nation sainte (1 Pi 2.9). Regardez la quantité de *travail pastoral* qui est effectué dans la vie quotidienne d'une assemblée lorsqu'elle est marquée par la culture de la formation de disciples !

Il y a une dernière raison pour laquelle l'humilité est nécessaire : il faut être conscient que parfois, les gens partent. La réalité de la brièveté des choses, en particulier dans de nombreuses villes, nous oblige à garder la main ouverte concernant les personnes que nous aimons. Nous n'investissons pas, ne partageons pas, ne déversons pas, ne prions pas et n'aimons pas dans le but de recevoir quelque chose, si ce n'est la satisfaction et la joie que procure le fait de savoir qu'elles sont mieux équipées pour l'endroit où elles iront ensuite et ultimement lorsque Christ reviendra.

GUIDER VERS LE CIEL

Être humain, c'est être un disciple. Dieu n'a pas offert à Adam et Ève de choisir entre la vie de disciple et l'indépendance, mais entre le suivre lui ou suivre Satan. Nous sommes tous des disciples, mais la vraie question est celle-ci : de qui ? Sommes-nous en train de suivre des croyants vers la cité céleste et d'en aider d'autres à faire de même ?

J'aime beaucoup la manière dont Charles Spurgeon a décrit son propre ministère. Dans son autobiographie, il se compare lui-même à M. Grandcœur, un personnage du *Voyage du Pèlerin* de John Bunyan qui aide les autres à rejoindre la Cité céleste.

> À mon échelle, je m'affaire à la même tâche que M. Grandcœur à l'époque de Bunyan. Je ne me compare pas à ce champion, mais je fais le même genre d'activité. Je suis engagé dans des excursions personnellement dirigées vers le paradis… C'est mon rôle de faire du mieux que je peux pour tuer des dragons, couper la tête des géants et guider le timide et l'apeuré. J'ai souvent peur d'en perdre certains parmi les plus faibles. J'ai mal au cœur pour eux, mais par la grâce de Dieu ainsi que votre aide bienveillante et généreuse dans votre façon de veiller les uns sur les autres, j'espère que nous voyagerons tous

en sécurité jusqu'au bord du fleuve. Oh, combien en ai-je déjà accompagné ? Je me suis tenu sur le bord et je les ai entendus chanter au milieu du courant, j'ai presque vu les séraphins les guider vers le sommet de la colline et au-delà des portes de la Cité Céleste[2].

4

LES OBJECTIONS À FORMER DES DISCIPLES

Je me rends compte que j'utilise l'expression « faire des disciples » là où d'autres utilisent des expressions différentes. En Grande-Bretagne, l'expression « accompagner dans la lecture » semble plus répandue. Aux États-Unis, les gens font souvent référence au partenaire à qui ils rendent des comptes ou à leur partenaire de prière. De mon côté, j'utilise l'expression « faire des disciples » pour référer au fait d'aider d'autres personnes à suivre Jésus en leur faisant intentionnellement du bien sur le plan spirituel. Cela implique de prendre des initiatives, d'enseigner, de montrer l'exemple, d'aimer et d'être humble.

Or, même si l'on s'accorde sur les termes, certains chrétiens ont encore de la difficulté avec le concept de formation de disciples. Ils se sentent mal à l'aise. Ils ne veulent pas imposer des idées aux autres contre leur gré. Ils ne veulent pas agir comme s'ils étaient « supérieurs » aux autres[1].

On peut trouver un très grand nombre d'objections. Permettez-moi d'en partager quelques-unes ainsi que mes réponses rapides.

Objection n° 1 : « Ce formateur de disciples n'est pas parfait. »
Réponse : Vous non plus. Dieu est le seul qui soit parfait dans cette équation. C'est à lui que la gloire revient lorsqu'il utilise des vases imparfaits tels que moi et vous. Plus nous sommes humbles, plus nous verrons que nous avons à apprendre de tout autre vrai disciple.

Objection n° 2 : « Si une personne n'écoute que son formateur, elle pourrait finir par ne plus se soumettre aux autres bonnes autorités comme ses parents, son mari ou son Église. »
Réponse : Lorsqu'elle est effectuée correctement, la formation de disciples encourage justement une soumission appropriée à toute autorité établie par Dieu.

Objection n° 3 : « Tout cela semble égocentrique et orgueilleux. »
Réponse : Je comprends pourquoi on peut avoir cette impression. Cependant, la formation de disciples nous appelle à suivre quelqu'un *uniquement* dans la mesure où cette personne suit Christ. Elle ne nous appelle pas à suivre le style de quelqu'un d'autre, ses préférences culturelles, sa sagesse mondaine ou ses habitudes personnelles. C'est justement parce que la mise en pratique de la formation de disciples nous appelle

à donner l'exemple et à imiter Christ les uns pour les autres qu'elle nous amène à être humbles. Et par-dessus tout, elle est tout simplement biblique.

Objection n° 4 : « N'est-ce pas un peu envahissant et cela ne revient-il pas à s'imposer à quelqu'un d'autre ? »
Réponse : La formation de disciples fonctionne sur la base d'une relation acceptée mutuellement.

Objection n° 5 : « Je n'en ai pas besoin. Je veux dire par là que les aspects les plus importants de la vie chrétienne sont évidents ! Je suis trop occupé pour que cela devienne une priorité. »
Réponse : Cela ressemble au syndrome du cavalier solitaire. Jésus est mort, non pas pour des individus indépendants, mais pour une Église. En nous adoptant, Dieu nous a placés dans une famille, alors désormais, nous avons des frères et sœurs. De plus, il explique que nous démontrons notre appartenance à sa famille et notre amour pour lui par notre amour les uns pour les autres. Nous agissons ainsi par notre soumission et notre communion avec l'Église locale. Le christianisme est toujours personnel, certes, mais il n'est pas privé. Nous devons nous impliquer dans la vie des autres et nous avons besoin d'eux dans la nôtre. Dieu est le seul qui n'a pas besoin d'être formé !

Objection n° 6 : « C'est pour les personnes extraverties. »
Réponse : Non, c'est pour les chrétiens. Le nombre de relations que vous entretiendrez variera selon votre personnalité, vos circonstances de vie et ainsi de suite. Mais n'en avoir aucune n'est pas une option lorsque l'on veut mener une vie centrée sur l'amour et sur le pardon. Discutez avec d'autres chrétiens matures pour qu'ils vous aident à faire le tri de ce qui importe dans votre vie.

Objection n° 7 : « Je ne peux pas former de disciples. Je me trompe, je suis imparfait et trop jeune ! »
Réponse : Si vous suivez Christ sincèrement, tout ce que vous devez faire constitue ce que vous *savez* faire et non ce que vous ne savez pas faire. Pour plusieurs, cela consistera simplement à partager l'Évangile ! Avec les autres membres d'une Église, cela peut impliquer d'amorcer des conversations spirituelles en posant des questions, en partageant ce que nous apprenons et en priant pour eux. Toute personne qui suit sincèrement Dieu peut former des disciples.

CONCLUSION

Faire des disciples, c'est aider quelqu'un à suivre Jésus en lui faisant intentionnellement du bien sur le plan spirituel. Si nous sommes chrétiens, c'est qu'une personne a fait la même chose pour nous, quelqu'un d'autre l'a fait pour cette personne, et ainsi de suite, et cela remonte jusqu'aux premiers disciples.

Les premiers témoins oculaires de Jésus ont enseigné ce qu'il leur avait commandé d'enseigner et ont ainsi créé des *témoins auditifs*. Cela s'est poursuivi jusqu'à ce jour et maintenant, c'est à notre tour. La future génération de disciples dépend de notre capacité à suivre l'exemple de ces premiers disciples, sous la souveraineté de Dieu. La formation de disciples fait partie intégrante de notre propre vie de disciple de Christ.

•••

Jusqu'à présent, j'ai encouragé principalement la formation de disciples de façon individualisée. Certaines de nos relations de disciples entre croyants peuvent avoir lieu en dehors de notre Église locale. Cependant, pour que l'amour de Christ soit exposé de manière visible au monde qui nous entoure (voir Jn 13.34,35), une grande partie de notre formation de disciples doit avoir lieu dans le contexte de l'Église locale. Tout chrétien a besoin non seulement d'un autre chrétien, mais aussi de tout le reste du corps ! C'est ce dont nous discuterons dans la prochaine partie du livre.

Deuxième partie

OÙ DEVRIONS-NOUS FAIRE DES DISCIPLES ?

5

L'ÉGLISE LOCALE

Dawson Trotman a une histoire remarquable. Au début des années 1930, Trotman, jeune ouvrier d'une scierie, est inspiré par 2 Timothée 2.2 : « Et ce que tu as entendu de moi en présence de beaucoup de témoins, confie-le à des hommes fidèles, qui soient capables de l'enseigner aussi à d'autres. » Il commence alors à enseigner à des élèves de lycée à se former mutuellement comme disciples. En 1933, il étend son travail à la marine américaine en fondant un groupe appelé les Navigateurs. Il devient le mentor d'un marin qui à son tour devient le mentor de beaucoup d'autres marins à bord de l'USS West Virginia. Avant que le navire ne sombre à Pearl Harbor, cent vingt-cinq hommes grandissaient en Christ et partageaient leur foi. Durant la Seconde Guerre mondiale, le ministère des Navigateurs s'étend à des milliers de personnes au sein de la marine américaine sur les navires et les bases du monde entier.

Les Navigateurs continuent à travailler au sein de la population militaire croissante jusqu'en 1951, année où le groupe commence à travailler également avec des étudiants sur le campus de l'Université du Nebraska. Trotman meurt en 1956 en sauvant une jeune fille de la noyade dans le nord de l'état de New York. Mais son œuvre se poursuit. Aujourd'hui, des centaines de campus universitaires du monde entier possèdent un groupe de Navigateurs qui évangélisent et forment des disciples.

Le site Internet des Navigateurs décrit l'organisation comme « un ministère chrétien qui aide les gens à grandir en Jésus-Christ alors qu'ils naviguent dans la vie ». Ils déclarent également ceci : « Nous partageons la bonne nouvelle de Jésus-Christ en établissant des relations un à un de mentorat ou de formation de disciples avec des personnes, en les équipant de sorte qu'ils puissent avoir un impact sur ceux qui les entourent, pour la gloire de Dieu. » Je suis reconnaissant pour leur ministère, en particulier dans le domaine de la formation de disciples.

MAIS QU'EN EST-IL DE L'ÉGLISE ?

Cela dit, il est intéressant de voir que ces deux affirmations décrivent ce que les Églises devraient faire !

Certaines personnes ont peur que des ministères para-Église comme les Navigateurs remplacent l'Église. *Para* signifie *à côté*, et il est important de se demander si ces ministères paraecclésiaux travaillent vraiment en parallèle avec les Églises ou bien *en dehors* des Églises. Évidemment, certaines situations nécessitent qu'on exerce la formation de disciples en dehors de l'Église locale, comme dans le cas de marins sur un navire de guerre au milieu de l'océan Pacifique. Toutefois, il ne faudrait pas remplacer la formation de disciples dans Église locale par le ministère sur les campus ou une communauté d'hommes d'affaires, en agissant comme si nous étions coincés sur un navire au milieu de l'océan.

Certes, il est insensé de faire des disciples sans l'Église, mais c'est pire encore de faire l'Église sans former des disciples. Et pourtant de nombreuses Églises locales se trouvent dans cette situation.

Certains chrétiens se joignent à des Églises et personne ne les accompagne. Ce n'est pas vraiment dans la culture de voir des célibataires vivre avec des familles pour apprendre à servir Christ. Ce n'est pas dans la culture non plus de partager l'Évangile avec des étudiants internationaux. Il y a très peu d'hospitalité, on se contente d'invitations occasionnelles à dîner le dimanche ou à souper le jeudi soir. On n'y voit pas d'hommes être des bergers pour leur femme, ou d'épouses et de femmes plus âgées former des femmes plus jeunes. Il n'y a pas de counseling biblique entre les membres eux-mêmes, il a lieu seulement dans les bureaux. On ne veut surtout pas fréquenter une Église dont le style musical ne nous plait pas, même si elle met l'accent sur le service. On ne pense pas à aider les familles ou les couples en difficulté. On n'essaie pas de se rapprocher des personnes qui ont une autre couleur de peau ou un accent différent. Très peu de jeunes hommes s'y rencontrent pour étudier les Écritures.

Avec des Églises de ce genre, il n'est pas étonnant que certains se tournent vers les ministères paraecclésiaux. Leur expérience leur a enseigné que l'Église locale est le dernier endroit où ils trouveront des opportunités de formation de disciples.

L'ÉGLISE EST LA PRINCIPALE FORMATRICE

Pourtant, la Bible enseigne que l'Église locale est l'environnement naturel pour la formation de disciples. D'ailleurs, elle enseigne que c'est l'Église locale *elle-même* qui est la première formatrice de disciples parmi les chrétiens. Elle forme par l'intermédiaire des rassemblements hebdomadaires et de sa structure qui consiste à se rendre mutuellement des comptes (ce chapitre), ainsi que par ses anciens et ses membres (prochain chapitre). Ces derniers donnent à leur tour accès au contexte de formation un à un dont nous avons parlé jusqu'à présent.

L'Église locale est responsable de prêcher l'enseignement de Dieu dans son entièreté par l'intermédiaire de ceux qui sont doués pour le faire. Par le baptême, elle valide les professions de foi crédibles. Par la sainte cène, elle proclame la mort du Seigneur et promeut l'unité du corps. Par l'excommunication, elle écarte toute personne dont la vie est en contradiction avec sa profession de foi.

Tout cela constitue le squelette de l'Église. Ensuite, on arrive au domaine des relations qui sont comme sa chair et ses muscles. Dans leurs relations mutuelles, les membres s'aiment les uns les autres comme Jésus les a aimés : « Je vous donne un commandement nouveau : Aimez-vous les uns les autres comme je vous ai aimés, vous aussi, aimez-vous les uns les autres. À ceci tous connaîtront que vous êtes mes disciples, si vous avez de l'amour les uns pour les autres » (Jn 13.34,35). Avec quel genre d'amour Jésus aimait-il ses disciples ? Il les aimait d'un amour qui dirigeait leur attention sur les paroles du Père. Cela démontrait l'amour qu'il éprouvait pour lui par son obéissance. Cela leur assurait qu'un endroit avait été préparé pour eux. Il les aimait d'un amour qui l'a poussé à donner sa vie pour qu'ils puissent être pardonnés. Alors, réfléchissons à cette question : comment pouvons-nous aimer davantage de cette manière ? Réponse : Dans un environnement où nous pouvons aimer en dirigeant l'attention sur les paroles du Père et du Fils, en proclamant la repentance par le baptême, en déclarant par la sainte cène que nous ne faisons qu'un et en sacrifiant notre propre emploi du temps et nos désirs de vengeance en faveur du pardon. La chair et le squelette s'assemblent. L'Église locale est par conséquent la première formatrice de disciples parmi les chrétiens.

Nos Églises ne seront jamais parfaites. Cependant, si le ciel est ce que Jonathan Edwards a appelé « un monde d'amour» (tel que sous-entendu dans 1 Corinthiens 13), alors une Église locale devrait être un aperçu ou un avant-goût de ce monde céleste.

SE RASSEMBLER

Dans l'Église, le travail de formation de disciples commence tout simplement par le fait de se rassembler. L'auteur de l'épître aux Hébreux écrit : «Veillons les uns sur les autres, pour nous exciter à l'amour et aux bonnes œuvres. N'abandonnons pas notre assemblée, comme c'est la coutume de quelques-uns; mais exhortons-nous réciproquement, et cela d'autant plus que vous voyez s'approcher le jour » (Hé 10.24,25).

Remarquez que l'objectif visé ici consiste à s'entraider à suivre Jésus, ou tel que formulé dans Hébreux, de nous exciter à l'amour et aux bonnes œuvres. D'après l'auteur, comment réalise-t-on cet objectif? En n'abandonnant pas notre assemblée, mais plutôt en nous réunissant! Voilà comment nous pouvons nous «encourager» les uns les autres. Il veut que nous nous rassemblions de manière répétée et régulière, et que cette réunion régulière donne forme à la vie de disciples et à l'aide réciproque pour suivre Jésus.

UNE STRUCTURE D'AUTORITÉ

C'était le plan de Jésus. Jésus formait les Douze depuis un certain temps déjà lorsqu'il leur a demandé qui il était. Pierre a déclaré que Jésus était le Messie promis depuis longtemps. Jésus a confirmé la réponse de Pierre au nom du « Père qui est dans les cieux », puis il a promis de bâtir son Église sur Pierre qui avait vu juste. Ensuite, il est intéressant de noter que Jésus a commencé à mettre en place une structure d'autorité. Il a donné à Pierre l'autorité de faire ce que Jésus avait fait avec lui : de lier et délier « sur la terre » ce qui est lié et délié « dans les cieux ». Autrement dit, Pierre et les apôtres pouvaient désormais écouter les professions de foi des gens, puis valider ou rejeter de la part du ciel ces professions et ceux qui les professaient, comme Jésus l'avait fait avec Pierre (Mt 16.13-20).

Plus tard, Jésus a placé cette même autorité entre les mains de l'Église locale. Jésus a donné à l'Église l'autorité de lier et de délier, dans le cas où la profession de foi d'un homme ne serait pas en adéquation avec sa vie. Depuis, l'Église doit décider s'il faut continuer à valider la profession d'un individu ou l'exclure de la liste des membres (voir Mt 18.15-20).

En résumé, l'assemblée détient l'autorité de déterminer qui appartient ou n'appartient pas au corps de Christ, ou encore, de déterminer qui est un disciple. De cette façon, elle instaure un contexte où chacun se rend redevable pour la formation de disciples. Cette personne que je forme est-elle croyante ou pas ? Est-ce une personne à qui il faudrait dire qu'elle vit comme une non-croyante ?

SE BAPTISER ET S'ENSEIGNER LES UNS LES AUTRES

Comment une Église peut-elle affirmer qui sont les disciples ? Au moyen du baptême et de la sainte cène. Après avoir invoqué toute autorité au ciel et sur la terre, Jésus commande à ses disciples d'aller et de « faire de toutes les nations des disciples, les baptisant au nom du Père, du Fils et du Saint-Esprit, et les enseignant... » Baptiser quelqu'un, c'est reconnaître formellement qu'il est « avec Jésus ». Ces représentants de Jésus doivent ensuite être formés (Mt 28.18-20). Et au sujet de la sainte cène, Paul dit : « nous formons un seul corps » (1 Co 10.17).

Dans le livre des Actes et les épîtres, nous trouvons le programme de formation des apôtres. Il ne s'agit pas de formateurs de disciples errants au milieu de groupes épars de personnes indépendantes. Au contraire, ils baptisent les gens dans des Églises où la formation un à un et la communion fraternelle seraient présentes. Pierre prêche l'Évangile à la Pentecôte, les gens se repentent et se font baptiser, puis ils se rassemblent régulièrement dans les maisons et dans les cours du temple pour rompre le pain. Et ils s'ajoutent à une Église, celle de Jérusalem. Les disciples se dispersent ensuite parmi les nations et font des disciples non pas *en dehors* du baptême et de l'enseignement, *en dehors* de la sainte cène ou *en dehors* des enseignants ayant reçu leur don de Dieu. Au contraire, les disciples implantent des Églises qui obéissent et qui enseignent aux autres l'obéissance.

Dans le Nouveau Testament, l'Église locale est au centre de l'obéissance des disciples et du travail de formation de disciples. Elle n'est pas optionnelle ; elle est essentielle. C'est ce que nous verrons au prochain chapitre où nous parlerons notamment du travail des anciens et des membres.

6

LES PASTEURS ET LES MEMBRES

Comme nous l'avons vu dans le chapitre précédent, l'Église locale est le milieu naturel des relations de disciples. Nous avons parlé de la formation de disciples dans le cadre des rassemblements. Nous avons également abordé le fait de se rendre des comptes dans la communauté grâce aux sacrements. Il y a cependant deux autres aspects de la vie de l'Église qui méritent d'être explorés : le travail des pasteurs et la responsabilité de l'assemblée ou des membres. Ces deux éléments sont primordiaux pour le travail de formation de disciples dans la vie d'un chrétien.

LES PASTEURS FONT DES DISCIPLES ET ÉQUIPENT LES FORMATEURS AVEC LA PAROLE DE DIEU

Commençons par parler des pasteurs. Dans le Nouveau Testament, le rôle fondamental du pasteur ou de l'ancien (la Bible utilise les deux mots sans distinction) consiste à former des disciples en enseignant la Parole de Dieu. Dans un premier temps, ils s'acquittent de cette tâche en tant qu'évangélistes. Paul dit à Timothée : « Fais l'œuvre d'un évangéliste » (2 Ti 4.5), puisque la foi vient de ce qu'on entend, et ce qu'on entend vient de la parole de Christ (Ro 10.17).

Néanmoins, de manière plus générale, Dieu met à part les pasteurs en leur confiant la tâche de former l'Église en enseignant la Parole de Dieu. Les pasteurs enseignent lors des rassemblements collectifs, mais aussi dans le contexte de rencontres un à un ou en petits groupes. L'un des objectifs de l'enseignement est d'équiper l'Église pour des œuvres de ministère afin qu'elle puisse s'édifier dans l'amour (Ép 4.11-16). Ils forment les membres afin qu'ils puissent à leur tour faire des disciples.

Les pasteurs et les anciens sont un don précieux pour les Églises ! Pierre en est un excellent exemple. Il a prêché l'Évangile à la Pentecôte et il a rédigé des lettres aux saints. L'enseignement et l'écriture étaient tous deux des présentations de la Parole de Dieu dans l'Ancien Testament.

Paul est également un bon exemple. Il demande au jeune pasteur Timothée de veiller sur lui-même et sur son enseignement (1 Ti 4.16). Ses deux lettres à Timothée sont marquées par son souci de voir les pasteurs être des hommes selon la Parole, façonnés eux-mêmes par elle et capables d'enseigner aux autres.

Si vous fréquentez une Église où vous n'entendez pas la Parole de Dieu, la meilleure chose que je puisse vous dire, c'est que vous perdez votre temps. Les pasteurs qui enseignent la Parole sont au cœur du ministère de formation de disciples dans l'Église. Ils fournissent la nourriture et l'eau qui nourrissent toutes les autres relations de disciples au sein de l'Église. Nous en faisons l'expérience chaque dimanche, et il faut l'espérer, lorsque nous demandons conseil à un ancien. Si ce n'est pas le cas, il faut changer d'Église et en trouver une où la Parole de Dieu est enseignée, pour le bien de notre âme et pour que nous puissions aider les autres.

LES PASTEURS CONDUISENT LES DISCIPLES AU BAPTÊME ET À LA SAINTE CÈNE

Au ministère de la Parole, il faut ajouter celui des sacrements, car ils enseignent également quelque chose. La sainte cène, par exemple, « annonce » la mort de Christ jusqu'à ce qu'il vienne (1 Co 11.26). Dans la mesure où les sacrements « délimitent » l'Église, ils rendent possible l'obligation redditionnelle pour la vie chrétienne, comme nous l'avons vu au chapitre précédent. Ils permettent de déterminer qui sont les membres.

Ce sont les pasteurs qui s'occupent des aspects associés à l'enseignement et au fait de se rendre mutuellement des comptes. En règle générale, ce sont eux qui interrogent les candidats au baptême et les membres potentiels : « Comment es-tu devenu chrétien ? » « Qu'est-ce que l'Évangile ? » En tant que congrégationaliste, je crois que l'assemblée détient l'autorité finale sur les décisions qui concernent l'acceptation d'individus comme membres et ceux qui reçoivent les sacrements. Mais normalement, l'assemblée devrait suivre la direction des anciens. Les anciens dirigent aussi lorsqu'une question se pose au sujet de toute l'assemblée. Ils enseignent à l'Église ce que signifie le fait de confronter un individu qui persiste dans le péché en recommandant qu'il soit écarté de la table du Seigneur et qu'on lui retire son statut de membre, autrement dit, en l'excommuniant.

Ainsi, les anciens façonnent l'Église et l'aident à devenir un environnement favorable à la formation de disciples. Ils facilitent la formation entre membres. Ils sont là pour éviter que l'Église soit constituée de personnes indépendantes qui entretiennent des amitiés informelles où personne n'est responsable de qui que ce soit et où chaque personne a sa propre interprétation de l'Évangile et de la fidélité. Lorsque personne ne rend de comptes, comment le jeune croyant peut-il faire des disciples ? Comment peut-il distinguer les croyants des hérétiques ou des hypocrites ?

LES PASTEURS DONNENT L'EXEMPLE

Nous avons déjà vu qu'emprunter le chemin de la croix, et ainsi montrer l'exemple est un élément de base de la formation de disciples en général. Souvenons-nous de ce que Paul a dit : « Soyez mes imitateurs, comme je le suis moi-même de Christ » (1 Co 11.1).

Les anciens sont des hommes donnés par l'Esprit et reconnus par l'assemblée pour être des modèles exemplaires. Ils ne sont pas parfaits, mais ils doivent être irréprochables. Cela explique pourquoi Paul insiste autant sur l'importance du caractère lorsqu'il décrit leurs qualités dans Timothée et Tite (1 Ti 3.1-7 ; Tit 1.6-9). L'auteur d'Hébreux nous donne également ce conseil : « Souvenez-vous de vos conducteurs qui vous ont annoncé la parole de Dieu. Considérez quelle a été la fin de leur vie, et imitez leur foi » (13.7). Remarquez qu'il n'exhorte pas ses lecteurs à suivre l'exemple de n'importe quel dirigeant. Il leur recommande de suivre « leurs » dirigeants.

C'est une très bonne chose d'apprendre en se basant sur des livres écrits par des pasteurs qui sont déjà morts et enterrés. Il n'y a rien de mal à écouter des sermons d'autres prédicateurs sur Internet. Toutefois, les Écritures nous appellent à imiter la foi des pasteurs qui *nous ont partagé* la Parole de Dieu. Ce sont eux qui devront rendre compte de notre âme (Hé 13.17). L'enjeu est plus grand pour eux. Veillons donc à ce qu'ils fassent partie de notre vie de disciple et apprenons d'eux comment en former d'autres.

L'Église locale est le milieu naturel pour les relations de formation de disciples tout simplement parce que c'est là que sont les pasteurs !

L'ASSEMBLÉE RECONNAÎT ET SOUTIENT LE MINISTÈRE DES PASTEURS

Examinons à présent en quoi l'assemblée contribue à faire de l'Église locale un milieu naturel pour les relations de formation de disciples. Commençons par parler de sa façon de reconnaître et de soutenir le ministère des anciens. Voyez-vous comment la reconnaissance et le soutien des anciens en tant que dons de Christ rendent leur ministère possible ? Ils ont besoin de l'amour et des prières de l'assemblée, ainsi que de son précieux soutien. Une Église « fonctionne » lorsque les membres honorent leurs pasteurs et se soumettent à eux. Les chrétiens négligent trop souvent cet aspect.

Examinons comment Paul exhorte les Thessaloniciens : « Nous vous prions, frères, d'avoir de la considération pour ceux qui travaillent parmi vous, qui vous dirigent dans le Seigneur, et qui vous exhortent. Ayez pour eux beaucoup d'affection, à cause de leur œuvre » (1 Th 5.12,13). Il dit que les anciens qui enseignent et dirigent bien sont dignes d'un « double honneur » (1 Ti 5.17), ce qui est un terme du domaine des finances. Il dit aux Galates : « Que celui à qui l'on enseigne la parole fasse part de tous ses biens à celui qui l'enseigne » (6.6). Si un frère reçoit un don de Dieu et qu'il est appelé à enseigner sa Parole, l'Église en bénéficiera en l'aidant à organiser sa vie de sorte qu'il puisse se concentrer sur l'enseignement. Sa capacité à équiper les membres dépend de l'accueil qu'ils lui font.

L'ASSEMBLÉE DOIT PARFOIS DÉMETTRE CERTAINS PASTEURS DE LEUR FONCTION

De même, l'assemblée contribue au développement de la culture de formation de disciples en étant prête à démettre des anciens de leur fonction s'ils rejettent la Parole de Dieu. Si faire des disciples signifie d'aider les autres à suivre Jésus, les assemblées qui tolèrent les mauvais enseignants n'aident en aucun cas les autres à suivre Jésus. Malheureusement, trop de pasteurs ont rejeté la Parole de Dieu et trop d'Églises n'ont pas assumé leur responsabilité dans cette situation. Le Nouveau Testament enseigne qu'une assemblée sera également tenue responsable des faux enseignements qu'elle aura tolérés. Paul n'accuse pas seulement les faux enseignants, mais aussi les membres qui ont la démangeaison d'entendre des choses agréables et qui se donnent une foule de docteurs selon leurs propres désirs (2 Ti 4.3).

La Bible confie à l'assemblée la responsabilité d'écarter les faux enseignants. Paul dit même aux Églises de la Galatie qu'elles peuvent exclure de tels hommes s'ils s'éloignent de l'Évangile : « Mais, si nous-mêmes, si un ange du ciel annonçait un évangile s'écartant de celui que nous vous avons prêché, qu'il soit anathème » (Ga 1.8). C'est pour cette raison que je dis régulièrement à mon Église : « Virez-moi si je commence à compromettre les Écritures ».

Être conscient que vous avez cette responsabilité en tant que membre de l'Église devrait vous faire prendre plus au sérieux votre statut de membre. Pour cette raison, il est nécessaire que vous connaissiez l'Évangile, que vous l'étudiiez et, de manière générale, que vous prêtiez une attention particulière à la Parole de Dieu ! En bref, cela fera de vous un meilleur formateur de disciples.

LES MEMBRES SONT RESPONSABLES LES UNS DES AUTRES

Les membres d'une Église sont également responsables les uns des autres. Toute l'assemblée est responsable de s'assurer que chaque membre, Sarah et Stéphanie, Nick et Joe, soient aimés et encouragés à aimer en retour (voir 1 Co 12.12-26 ; Hé 10.24). Nous formons un seul corps : « Ainsi le corps n'est pas un seul membre, mais il est formé de plusieurs membres. Si le pied disait : Parce que je ne suis pas une main, je ne suis pas du corps, ne serait-il pas du corps pour cela ? » (1 Co 12.14,15.)

Cette responsabilité peut se présenter sous de nombreuses formes. Comptons les termes de réciprocité dans ce court passage de Paul : « Par amour fraternel, soyez pleins d'affection les uns pour les autres. Par honneur, usez de prévenances réciproques. Pourvoyez aux besoins des saints. Exercez l'hospitalité. Réjouissez-vous avec ceux qui se réjouissent, pleurez avec ceux qui pleurent. Ayez les mêmes sentiments les uns envers les autres » (Ro 12.10-16). Voilà une communauté qui assume sa responsabilité envers les membres qui la constituent.

Cependant, ce que je voudrais particulièrement souligner ici, c'est que ces responsabilités « mutuelles », qui sont assumées individuellement pour la plupart, s'exercent dans le contexte de la responsabilité collective de l'assemblée elle-même. Précédemment, j'ai mentionné le leadership des anciens en matière d'obligation redditionnelle et de discipline. Mais concrètement, le Nouveau Testament confère à l'ensemble de l'assemblée la responsabilité de veiller à ce que les membres vivent conformément à leur profession de foi et à leur alliance les uns avec les autres. C'est ce que fait Jésus dans Matthieu 18. De même, Paul exhorte non pas les pasteurs, mais l'assemblée, à retirer le statut de membre à l'homme qui refusera de se repentir (1 Co 5). Il exhorte aussi l'assemblée à réintégrer celui qui se repent (2 Co 2.6). Cette responsabilité collective fait partie du travail de formation de disciples et contribue à la formation individuelle.

Je m'explique. Supposons que j'aie deux amis chrétiens. Le premier est membre de mon Église et l'autre ne l'est pas, mais j'essaie de les former tous les deux en tant que disciples. Avec le frère qui est membre de mon Église, je pourrai m'appuyer sur le message prêché le dimanche précédent. Je pourrai souligner l'exemple des anciens. Si nécessaire, je pourrai également rappeler la menace disciplinaire concernant les péchés dont on ne se repent pas. De plus, *dans le cadre de ma responsabilité collective*, je sais que je suis personnellement responsable de veiller de cette manière sur mon frère. Et le fait que notre relation de formation de disciples se produise dans ce contexte de reddition de comptes fortifie mon sentiment d'appartenance et mon souci des autres. Je suis responsable de lui, tout comme je suis plus responsable de ma femme que des autres femmes, ou plus responsable de mes enfants que des autres enfants. En revanche, avec le frère qui n'est *pas* membre de mon Église, je suis responsable devant Christ de l'aimer, de l'encourager et de l'avertir des conséquences du péché dans lequel on persiste. Néanmoins, ce n'est pas à moi que Jésus a confié la tâche de fournir une structure redditionnelle à sa vie. Cette responsabilité revient aux membres de *son* Église. Je n'entends pas par là que cela me rendra plus négligent dans ma façon de veiller sur lui. Cependant, cela diminue l'enjeu et la responsabilité que j'ai envers lui, tout comme je suis moins responsable de vos enfants que des miens. Voyez-vous en quoi la responsabilité de l'Église envers ses propres membres facilite le travail de formation de disciples ? Voyez-vous comment s'unissent le squelette et la chair ?

Officialiser nos obligations mutuelles au sein de l'assemblée nous aide à nous engager envers chaque personne qui se joint à l'Église. Cela développe notre sentiment d'appartenance et notre sens des responsabilités. Cela contribue aussi à donner forme à nos relations de formation de disciples.

UNE CULTURE DE FORMATION DE DISCIPLES

En fin de compte, nos responsabilités collectives et nos responsabilités individuelles s'allient pour former une culture de formation de disciples. Nous lisons et partageons la Parole les uns avec les autres. Nous passons du temps les uns avec les autres. Nous prions les uns pour les autres et pour les anciens. Nous aimons. Nous donnons. Nous nous rendons au rassemblement hebdomadaire avec un cœur en prière et avec anticipation. Nous venons préparés. Nous labourons nos cœurs au préalable pour qu'ils soient prêts à recevoir la Parole de Dieu. Nous suivons l'exemple de nos responsables qui nous montrent comment suivre Christ. Nous nous soumettons aux sages décisions des anciens à moins qu'ils ne nous dirigent dans la mauvaise direction. Nous acceptons l'intendance de l'assemblée envers nous. Nous nous conseillons, nous encourageons et nous avertissons mutuellement. « Qu'il ne sorte de votre bouche aucune parole mauvaise, mais, s'il y a lieu, quelque bonne parole, qui serve à l'édification et communique une grâce à ceux qui l'entendent » (Ép 4.29).

Dans la vie d'une Église, la croissance et la santé spirituelles devraient être la norme. Il devrait être normal de voir les gens grandir et mûrir spirituellement. La croissance spirituelle n'est pas facultative pour le chrétien, elle est signe de vie. Les choses qui sont réellement vivantes grandissent. Ce n'est pas le cas des choses mortes. Dieu a donné les anciens à l'Église pour qu'elle grandisse et il nous a donnés les uns aux autres. C'est dans le cadre de toutes ces relations avec les membres et pasteurs, dans notre alliance les uns envers les autres, que nous trouvons le sol le plus fertile (avec la famille chrétienne) pour que les relations de formation de disciples grandissent de manière (sur)naturelle. Notre doctrine et notre vie prennent forme dans la doctrine et la vie de la communauté. Voilà ce qu'est une culture de formation de disciples.

Éprouvez-vous des difficultés dans votre évangélisation personnelle ? Si oui, j'espère que vous écouterez les conseils, la prière et les témoignages d'autres membres de votre Église.

Votre mariage est-il actuellement une relation satisfaisante ou vivez-vous des difficultés ? L'Église locale est l'endroit où il faut chercher de l'encouragement et des conseils. C'est là que nous recevons et donnons l'instruction alors que nous nous formons mutuellement.

Comment un membre plus âgé peut-il persévérer dans sa marche avec Christ après une opération chirurgicale difficile ? En partie grâce à l'encouragement et à l'amour d'une Église.

Comment un jeune chrétien peut-il gérer son propre découragement et ses doutes lorsqu'un de ses amis s'éloigne de la foi ? Grâce au soutien et aux conseils de l'Église. Comment pouvons-nous trouver un conjoint, fonder une famille, être un bon employé et un bon voisin ? Grâce à l'enseignement de l'Église locale et à la formation de disciples qu'elle offre.

Comment d'autres Églises sont-elles établies et encouragées ? Comment des foyers chrétiens sont-ils fondés et nourris ? Comment les ministères et les occasions de servir sont-ils partagés ? Comment les plus faibles sont-ils fortifiés, les égarés retrouvés et les évangélistes motivés ? Par l'Église locale !

Voilà comment nous nous entraidons à suivre Jésus. Nous nous formons réciproquement. Les Églises n'ont pas tant besoin de programmes que d'une culture de formation de disciples où chaque membre accorde la priorité à la santé spirituelle des autres. Chacun a reçu un don pour servir le bien commun et chacun devrait l'utiliser pour construire le corps : « Il y a diversité de dons, mais le même Esprit ; diversité de ministères, mais le même Seigneur ; diversité d'opérations, mais le même Dieu qui opère tout en tous. Or, à chacun la manifestation de l'Esprit est donnée pour l'utilité commune » (1 Co 12.4-7).

Je prie et je travaille pour instaurer une telle culture dans ma propre assemblée. Je prie qu'à travers mon propre ministère d'enseignement et à travers le ministère de chaque membre, nous soyons tous encouragés à partager l'Évangile avec notre prochain, à porter les fardeaux des uns des autres, à participer financièrement à l'œuvre de Dieu, à porter une attention particulière à sa Parole, à nous soucier des autres et à prier pour l'unité de ceux qui n'ont rien en commun excepté Christ.

L'ÉGLISE LOCALE EST DAVANTAGE QUALIFIÉE

L'Église locale, ce corps façonné par le Père, habilité par Jésus et doté de l'Esprit, est bien mieux équipée pour se charger de la formation des croyants, que seulement vous et votre ami. Jésus ne promet pas que vous et votre ami allez vaincre l'enfer. Il promet que l'Église le fera. Vous ne pouvez pas vous considérer comme doués et appelés à enseigner la Parole de

Dieu, à baptiser et à partager la sainte cène comme l'Église locale qui a l'autorité pour le faire.

Supposons que demain, un de vos amis non chrétiens d'une autre ville pour qui vous avez prié durant des années devienne chrétien et commence à fréquenter une Église évangélique de sa ville. Comment voudriez-vous que cette Église accueille cet ami que vous aimez ? Vous voudriez sûrement que l'ensemble de l'assemblée assume ses responsabilités envers lui. Vous voudriez que les anciens l'instruisent. Et vous voudriez que des personnes s'adressent à lui, le prennent sous leur aile et le forment pour qu'il devienne un disciple. Vous voudriez qu'ils l'enseignent et montrent l'exemple sur ce que signifie d'étudier la Bible, de marcher dans la justice, d'évangéliser, d'être un mari et un parent chrétien, de tenir ferme face au monde et de faire des disciples à son tour. Vous vous réjouiriez si cette Église assumait la responsabilité de veiller sur votre ami de cette manière, n'est-ce pas ?

Posons-nous maintenant cette question : accueillons-nous et formons-nous les membres de notre Église de cette manière ? Aidons-nous les autres à suivre Jésus ? Sommes-nous la réponse aux prières de chrétiens qui vivent dans d'autres villes ?

Si ce n'est pas le cas, pas de panique. Je ne vais pas vous demander de commencer à former des douzaines de disciples. Je voudrais plutôt que vous pensiez à une seule personne de votre Église. Pensez à une personne que vous voudriez voir suivre Jésus davantage. Maintenant, priez pour cette personne…

Avez-vous prié ? Maintenant, comment envisagez-vous de faire de cette personne un disciple ?

Bon, peut-être que l'expression « faire des disciples » vous semble toujours intimidante. Je vais reformuler : comment pensez-vous aider cette personne à suivre Jésus ? Comment pouvez-vous lui faire intentionnellement du bien sur le plan spirituel ? Quels petits pas pouvez-vous faire dès maintenant dans cette direction ?

Dans la prochaine partie, nous verrons « comment » faire des disciples.

Troisième partie

COMMENT DEVRIONS-NOUS FAIRE DES DISCIPLES ?

7

CHOISIR QUELQU'UN

Imaginons deux membres d'une Église. Appelons-les Bob et Bill. Bob est un étudiant en théologie. Il aime connaître ce que dit la Bible sur absolument tous les sujets. Si on le lui demande, il est même capable d'expliquer la doctrine de la Trinité. Son attitude ne reflète pas toujours qu'il est chrétien. D'ailleurs, sa vie n'a rien de celle d'un chrétien. Toutefois, il connaît sa Bible!

Et puis, il y a Bill. Bill ne le crie pas sur les toits, mais en réalité, il ne lit pas beaucoup la Bible. Évidemment, il aspire à devenir quelqu'un de « bien ». Il essaie d'aimer les autres. Mais pour lui, il serait très difficile de proposer une explication précise de qui est Jésus ou de ce que représente l'Église. Il serait compliqué pour lui d'examiner avec soin des problèmes éthiques. Néanmoins, il aspire sincèrement à mener une vie différente de la vie égoïste et égocentrique qu'il voit d'autres mener. Il préfère se considérer comme une personne sociable plutôt que comme une personne attachée à la Bible ou un homme de doctrine.

Vous reconnaissez-vous dans l'un de ces individus?

Bob devrait se soucier davantage des gens et Bill devrait se préoccuper davantage de la vérité. En réalité, tous deux devraient se soucier davantage de Jésus, car il aime à la fois les vérités de la Parole de Dieu et la vie des membres de son peuple. La formation de disciples dans l'Église devrait aider ces deux types de personnes à mieux suivre Jésus. Jésus dit ceci : « Si quelqu'un veut venir après moi, qu'il renonce à lui-même, qu'il se charge de sa croix, et qu'il me suive » (Mc 8.34). Bob doit s'humilier lui-même et suivre Jésus en aimant davantage les gens. Bill, lui, doit travailler à aimer davantage la Parole de Dieu. Un disciple n'est pas simplement quelqu'un qui prétend suivre Christ, c'est quelqu'un qui le suit réellement.

Se souvenir de ce que signifie suivre Jésus devrait être le point de départ de toute conversation sur la formation de disciples. Faire des disciples signifie aider d'autres à suivre Jésus. Faire des disciples, c'est faire du bien spirituellement en abordant la personne, en enseignant, en corrigeant, en montrant l'exemple, en aimant, en s'humiliant, en conseillant et en influençant.

Alors, comment faire des disciples ? Comment peut-on aider Bob à vivre sa foi davantage et Bill à mieux la comprendre ? C'est la question que nous aborderons dans ce chapitre et les suivants.

Cette question ne concerne pas seulement les pasteurs. La Bible nous charge tous d'effectuer cette tâche. Jean nous demande de nous aimer les uns les autres (2 Jn 5). Paul nous demande de nous encourager et de nous édifier les uns les autres (1 Th 5.11). Il nous demande aussi de nous instruire les uns les autres, car nous voulons voir tout le monde devenir parfait en Christ (Co 1.28). L'auteur d'Hébreux nous dit de veiller les uns sur les autres, pour nous exciter à l'amour et aux bonnes œuvres (Hé 10.24).

La première chose à décider, c'est à qui consacrer notre temps. Nous disposons d'un nombre d'heures limité chaque semaine. Nous ne pouvons pas former toute l'Église. Comment décider en qui nous investir ? Nous devons choisir.

Bible en main, comment devrions-nous décider en qui s'investir ? Voici neuf facteurs à prendre en compte, de préférence dans cet ordre.

1. UN MEMBRE DE LA FAMILLE

Paul dit : « Si quelqu'un n'a pas soin des siens, et principalement de ceux de sa famille, il a renié la foi, et il est pire qu'un infidèle » (1 Ti 5.8). Dans ce passage et d'autres encore, la Bible enseigne que chacun a une responsabilité particulière envers les membres de sa propre famille. Dans une famille, Dieu établit des relations qui durent toute une vie et un environnement naturel où développer l'affection et le souci des autres. Ces affections et ces responsabilités naturelles devraient être employées au service de Christ. C'est particulièrement le cas lorsque l'on vit au même endroit que les membres de sa famille. C'est d'autant plus le cas si les Écritures nous chargent d'une responsabilité spécifique comme dans le cas des parents envers leurs enfants ou des époux l'un envers l'autre. Ces relations représentent la mission de formation la plus importante que nous aurons dans notre vie.

2. LA DISPOSITION SPIRITUELLE

Nous devrions communiquer l'Évangile à nos amis non chrétiens, mais cela n'aurait aucun sens de les former comme s'ils étaient chrétiens. Paul nous dit ceci : « Mais l'homme naturel n'accepte pas les choses de l'Esprit de Dieu, car elles sont une folie pour lui, et il ne peut les connaître, parce que c'est spirituellement qu'on en juge » (1 Co 2.14). Nous devons former des disciples parmi les chrétiens.

3. LE STATUT DE MEMBRE D'UNE ÉGLISE

Au chapitre 6, nous avons évoqué des tâches tirées de l'épître aux Hébreux :

> Souvenez-vous de vos conducteurs qui vous ont annoncé la parole de Dieu. Considérez quelle a été la fin de leur vie, et imitez leur foi. Obéissez à vos conducteurs et ayez pour eux de la déférence, car ils veillent sur vos âmes dont ils devront rendre compte ; qu'il en soit ainsi, afin qu'ils le fassent avec joie, et non en gémissant, ce qui ne vous serait d'aucun avantage (Hé 13.7,17).

Ces versets nous appellent sans aucun doute à respecter les responsables de nos Églises. Cependant, comme je l'ai déjà expliqué dans les chapitres précédents, cela insinue également que le schéma habituel de la vie de disciples est plus adapté au contexte relationnel de notre propre Église.

Nous avons une responsabilité plus grande envers notre propre assemblée, c'est-à-dire de l'aider et de la laisser nous aider. Les membres d'une même Église suivent et se soumettent au même groupe d'anciens. Ils proclament la même déclaration de foi et ont le même engagement envers l'Église. Ils reçoivent le même enseignement concernant les questions primaires et secondaires. Ils se voient au minimum une fois par semaine. C'est pour toutes ces raisons qu'il est tout à fait normal d'entretenir des relations de disciples dans sa propre Église.

De plus, si l'un de nos amis fréquente une Église en mauvaise santé, nous pourrions nuire à sa vie spirituelle en le formant. Comment est-ce possible ? Ironiquement, le soutien spirituel qu'on lui procure lui permet de rester dans une Église qui n'enseigne pas la Bible. Ce n'est pas une règle absolue, mais il serait peut-être préférable d'encourager notre ami à se joindre à une Église plus saine. Les chrétiens ont besoin du corps entier, pas seulement de nous.

4. LE SEXE

Les Écritures sont sensibles à la différence des sexes en matière de formation de disciples. Dans Tite par exemple, Paul dit :

« Les femmes âgées doivent donner de bonnes instructions, dans le but d'apprendre aux jeunes femmes à aimer leur mari et leurs enfants, à être retenues, chastes, occupées aux soins domestiques, bonnes, soumises à leur mari, afin que la parole de Dieu ne soit pas calomniée » (Tit 2.3-5).

En public, j'enseigne aux hommes et aux femmes. Nous avons tous un père et une mère, et plusieurs d'entre nous ont des frères et sœurs ou un conjoint. À vrai dire, former des personnes du sexe opposé est prévu pour le cadre familial. Dans l'Église, nous sommes engagés envers des hommes et des femmes, et nous avons des amis de la famille.

Toutefois, lorsqu'il s'agit de relations normales et intentionnelles de formation de disciples, je dirais qu'il est plus sage que les hommes forment des hommes et que les femmes forment des femmes. Nous reconnaissons que la différence des sexes est une réalité instaurée par Dieu et nous la prenons en compte avec respect. Nous devons aimer tout le monde dans l'Église, mais nous devons également veiller à éviter une intimité inappropriée.

5. L'ÂGE

Tout comme les Écritures accordent de l'importance au sexe, elles en accordent aussi à l'âge. Dans le passage de Tite que je viens de mentionner, les jeunes femmes apprennent des plus âgées. Dans un autre passage, Paul recommande à Timothée de ne permettre à personne de mépriser sa jeunesse. Pourtant, dans cette même épître, il l'encourage à ne pas réprimander rudement le vieillard (1 Ti 4.12 ; 5.1).

En temps normal, nous formons des personnes qui sont plus jeunes que nous-mêmes. Cela dit, les Écritures contiennent de nombreuses exceptions où des individus plus jeunes enseignent aux plus âgés. Et à mesure que nous avançons en âge, nous devons aussi progresser dans l'humilité en laissant des personnes de notre âge, voire plus jeunes, nous enseigner. Sinon, nous n'aurions plus personne pour nous former ! Personnellement, je me rends compte que j'apprends autant de mes amis qui sont dans la vingtaine ou la trentaine que de ceux qui ont soixante-dix et quatre-vingts ans.

6. DIFFÉRENTS DE NOUS

Peu de choses démontrent avec autant de clarté la puissance de l'Évangile que l'unité qu'elle crée entre des personnes provenant de différentes catégories de ce monde. La lettre aux Éphésiens annonce ceci : « car par *[Christ]* les uns et les autres [*juifs et non-juifs*] nous avons accès auprès du Père, dans un même Esprit » (Ép 2.18). Le mur qui séparait les juifs des non-juifs s'est effondré à la croix. La sagesse de Dieu se manifeste désormais à travers l'unité de ces personnes qui étaient autrefois absolument divisées (Ép 3.10). L'unité expérimentée aujourd'hui par l'Église malgré les différences ethniques, économiques, d'éducation ou autres est un aperçu du jour où « une grande foule, que personne ne [pourra] compter, de toute nation, de toute tribu, de tout peuple, et de toute langue » se tiendra devant le trône dans l'adoration (Ap 7.9,10).

Qu'est-ce que cela signifie concrètement ? Si vous cherchez quelqu'un à former, les mères d'âge moyen devraient être amies, les jeunes couples mariés devraient passer du temps ensemble et les jeunes hommes célibataires devraient se tenir ensemble. Ces groupes ont des affinités en commun que Dieu peut utiliser pour les faire grandir. Néanmoins, réfléchissons *aussi* à tout ce que nous pourrions apprendre en passant du temps avec des étudiants et en travaillant avec des enfants ou des jeunes. Pensons à ce que cela nous apporterait d'aider des immigrants britanniques, brésiliens ou coréens, ou si vous êtes un jeune marié caucasien, de rencontrer un homme marié afro-américain plus âgé.

Nous n'imaginons pas tout ce que Dieu a à nous enseigner à propos de lui en nous faisant côtoyer des personnes différentes de nous ! Et nous n'imaginons pas combien notre unité reflète l'Évangile, non seulement dans l'amour que nous avons les uns pour les autres, mais aussi lorsque nous apprenons les uns des autres.

7. ENSEIGNABLES

Tout au long du livre des Proverbes, le fils qui fait bon accueil à l'enseignement est honoré et celui qui méprise la correction, l'instruction et les conseils est répudié. En outre, on peut y lire que Dieu « conduit les humbles dans la justice et enseigne aux humbles sa voie» (Ps 25.9; voir aussi Pr 11.2). Par conséquent, Pierre recommande ce qui suit: «De même, vous qui êtes jeunes, soyez soumis aux anciens. Et tous, dans vos rapports mutuels, revêtez-vous d'humilité, car Dieu résiste aux orgueilleux, mais il fait grâce aux humbles» (1 Pi 5.5).

Ne perdons pas de temps à essayer de former quelqu'un qui pense ne rien avoir à apprendre de nous ou de quiconque. Formons celui qui est enseignable et efforçons-nous de l'être nous aussi.

8. LA FIDÉLITÉ POUR FORMER D'AUTRES DISCIPLES

J'ai également mentionné plusieurs fois les paroles que Paul exprime à Timothée: «Ce que tu as entendu de moi en présence de beaucoup de témoins, confie-le à des hommes fidèles, qui soient capables de l'enseigner aussi à d'autres» (2 Ti 2.2).

Nous voulons former chacun, mais nous devons particulièrement former ceux qui en formeront d'autres qui eux, en feront à leur tour. Faire des additions, c'est bien, mais si nous avons la possibilité de faire des multiplications, c'est encore mieux. Nous ne formons pas simplement la prochaine génération; nous tentons d'atteindre les générations à venir!

9. LA PROXIMITÉ ET LES EMPLOIS DU TEMPS

Enfin, croyez-le ou non, la Bible accorde de l'importance au temps et à nos horaires chargés. Paul écrit: «Ainsi donc, *pendant que nous en avons l'occasion*, pratiquons le bien envers tous, et surtout envers les frères en la foi» (Ga 6.10). Il existe un certain nombre de versets comme celui-ci qui nous encouragent à bien utiliser notre temps (voir Ép 5.16). Cette dernière caractéristique relève de la sagesse. Toutefois, dans l'ensemble, je recommanderais de trouver des personnes dont les emplois du temps sont semblables au nôtre. Nous devons également prendre en compte les endroits où nous vivons et travaillons, nos engagements envers notre famille, notre emploi et notre Église. Il faut partir du principe que Dieu ne nous demande rien d'impossible. Et bien entendu, Dieu prépare à l'avance de bonnes œuvres pour que nous puissions les pratiquer (Ép 2.10). Comme dans l'histoire du bon Samaritain, il met parfois sur notre route des personnes que nous n'aurions pas côtoyées en temps normal. Il s'agira peut-être d'un membre de l'Église qui travaille dans la même entreprise ou dont l'enfant participe aux mêmes événements sportifs que nos enfants. Il s'agira peut-être d'une personne dont la femme ou le mari a quitté le foyer conjugal, et qui nous demande de l'aide.

En bref, soyons sages et réfléchis lorsque nous choisissons les personnes à qui nous allons consacrer notre temps, mais souvenons-nous que la providence du Seigneur dépasse parfois nos plans. Loué soit Dieu, car cela nous garde dépendants de lui!

POUR RÉSUMER

Supposons que notre emploi du temps permette de passer du temps avec Bob ou avec Bill, mais pas avec les deux. Comment choisir ? Pour commencer, il faudrait prier à ce sujet, mais il n'y a pas forcément de bonne ou de mauvaise réponse à cette question.

Si nous nous trouvons dans l'incapacité de passer du temps avec les deux, nous ne devrions pas nous sentir coupables. C'est pour cette raison que nous avons le corps de Christ.

Nous choisirons peut-être de passer du temps avec Bob, car notre emploi du temps correspond mieux au sien, qu'il vit dans notre quartier ou que nos femmes sont déjà de bonnes amies. Ou bien nous choisirons de nous investir dans une relation avec Bill parce qu'il déménage l'été prochain à Bogota en Colombie et qu'il semble avoir l'enseignement à cœur. Nous choisirons alors de l'équiper pour qu'il puisse à son tour équiper d'autres personnes à Bogota. Quelle que soit la raison, prions, demandons de la sagesse et lançons-nous.

Dans tout cela, que nous formions consciemment une personne ou quatre, assurons-nous de grandir spirituellement et aidons ensuite notre entourage à grandir. Les deux sont importants et chacun contribue à l'autre.

8

AVOIR DES OBJECTIFS CLAIRS

Une fois que nous avons choisi quelqu'un à former, il est nécessaire d'avoir des objectifs clairs dans cette relation. L'objectif ultime est bien sûr d'aider cette personne à suivre Jésus. Mais comment le faire concrètement ? Former une personne attachée à la vérité comme Bob sera différent de former une personne relationnelle comme Bill (nos deux personnages du chapitre précédent).

Cela dit, je vous encourage à toujours penser à la fois à ce que les gens comprennent et à leur mode de vie.

AIDER LES PERSONNES À COMPRENDRE DAVANTAGE : VIE → VÉRITÉ → VIE

Pour commencer, notre formation devrait aider les gens à *comprendre davantage.* Nous voulons qu'ils grandissent dans leur connaissance de Dieu en Christ et la foi vient de ce que l'on entend de la parole de Christ. C'est pour cette raison que Paul recommande à Timothée de veiller sur lui-même et *sur son enseignement.* Paul lui explique qu'en persévérant dans ces choses, Timothée se sauvera lui-même, mais aussi ceux qui l'écoutent (1 Ti 4.16).

Tout au long de la formation, nous devons montrer aux disciples pourquoi les chrétiens prient, pourquoi nous partageons l'Évangile, pourquoi nous fréquentons une Église, pourquoi la connaissance de la souveraineté de Dieu influence notre façon de vivre et ainsi de suite. Faire des disciples ne comporte pas seulement une obligation redditionnelle et un changement de comportement. Jésus nous dit de faire des disciples en leur enseignant l'obéissance, mais ils ne peuvent pas obéir à ce qu'ils n'ont pas appris. Nous devons d'abord leur enseigner.

La Parole de Dieu devrait être au cœur de la formation de disciples. Cette dernière devrait consister à parcourir un livre de la Bible avec quelqu'un ou à étudier la Parole d'une manière différente. Nous devons nous aider les uns les autres à « porter la parole de vie », comme l'exprime Paul (Ph 2.16). Quelle belle expression ! Encourageons les gens à rester attachés à la Parole de vie en la lisant, en la comprenant et en lui obéissant. On peut utiliser de bons livres chrétiens pour former des disciples, mais les meilleurs livres nous redirigent vers la Bible. Il faut que les bases de la foi et de la vie chrétienne soient réellement comprises.

Avez-vous déjà entendu parler du modèle « vie → vérité → vie » ? Notre *vie* devrait inciter les gens à nous écouter. Notre *enseignement* devrait les mener à une transformation. Leurs *vies* transformées devraient ensuite illustrer ce que nous avons enseigné, ce qui incitera d'autres personnes à les écouter.

AIDER LES AUTRES À MIEUX VIVRE

Nous devons aider les autres à mieux comprendre, mais aussi *à mieux vivre*. Suivre Christ inclut les deux. À maintes reprises, Paul appelle ses lecteurs à l'imiter comme il imite Christ (1 Co 4.15-17 ; 11.1 ; Ph 3.17 ; 4.9 ; 2 Th 3.7-9 ; 2 Ti 3.10,11). Et ce faisant, il imite bien sûr Jésus. Jésus appelle ses disciples à aimer comme il a aimé (Jn 13.35; 15.8-17) !

Connaître Dieu change notre façon de vivre (voir Ga 4.9). Nous vivons comme des étrangers et des voyageurs dans un monde antagoniste, sans cesse confrontés à la pression de nous conformer. Or, la Bible nous appelle à résister à cette pression. Nous devons être « irréprochables et purs, des enfants de Dieu irréprochables au milieu d'une génération perverse et corrompue, parmi laquelle *[nous brillons]* comme des flambeaux dans le monde » (Ph 2.15). C'est pourquoi les chrétiens ont toujours besoin de meilleurs exemples de piété : « Soyez tous mes imitateurs, frères, et portez les regards sur ceux qui marchent selon le modèle que vous avez en nous » (Ph 3.17).

Comment avoir un impact dans la vie des autres ? En passant du temps avec eux. Elizabeth invite Kate à la maison pour discuter pendant qu'elle cuisine. Michael invite Steven à se joindre à sa famille pour le dîner et le laisse l'observer lorsqu'il conduit ses enfants dans la louange. Former des disciples consiste en grande partie à faire ce que l'on fait déjà habituellement, mais en invitant d'autres personnes à nous accompagner et en ayant des conversations constructives, comme Jésus l'a fait. Lorsqu'on invite des gens dans notre vie, nous devons être transparents. Les façades sont un frein dans la poursuite de notre objectif. Invitez d'autres à apprendre de vos erreurs.

À vrai dire, il arrive que nous ayons des différends, ma femme et moi. Mais peut-on le faire correctement ? Pouvons-nous partager ces difficultés avec d'autres sans nous déshonorer l'un l'autre ?

Lisons comment Paul impliquait Timothée dans tout ce qu'il faisait : « Pour toi, tu as suivi de près mon enseignement, ma conduite, mes projets, ma foi, ma douceur, mon amour, ma constance, mes persécutions, mes souffrances. À quelles souffrances n'ai-je pas été exposé à Antioche, à Icone, à Lystre ? Quelles persécutions n'ai-je pas supportées ? » (2 Ti 3.10,11.) Timothée a visiblement été témoin de toutes ces choses. Et quelle riche éducation cela a dû être dans sa vie de disciple !

Il faut que les individus que nous formons s'épanouissent dans la prière, s'améliorent dans l'évangélisation, qu'ils continuent à être membres d'une Église, qu'ils soient patients avec les membres qui les offensent. Bien souvent, c'est le sermon du dimanche précédent qui nous permettra de travailler sur ces différentes implications dans la vie des uns et des autres. Il en va de même pour les petits groupes.

POSER DES QUESTIONS

Quelle que soit la personne que nous formons, nous devons l'aider à mieux suivre Jésus en grandissant dans la connaissance de Dieu et en apprenant à mettre cette connaissance en pratique. En d'autres termes, comprendre mieux pour vivre mieux.

Bien sûr, tout dépend de la personne en question : quels sont ses domaines d'intérêt, son arrière-plan, ses inclinations, ses propensions à pécher, ses souffrances, ses peurs, ses espoirs, etc. En effet, ce dont nous parlerons, ce que nous lirons ou ferons dépendra de la personne. Par conséquent, une des premières choses à faire dans une relation de formation de disciples consiste à apprendre à connaître la personne en lui posant beaucoup de questions. Comment es-tu devenu chrétien ? D'où viens-tu ? Tes parents étaient-ils chrétiens ? Et tes grands-parents ? Comment en es-tu arrivé à faire ce travail ? Et ainsi de suite. Avec le temps, le niveau de confiance et de transparence augmentera. Les discussions deviendront de plus en plus profondes et personnelles, et on sera en mesure de parler de la place de l'Évangile dans ces différents domaines.

La « façon » de faire des disciples n'est pas si compliquée. Il s'agit simplement de vivre avec d'autres personnes dans notre marche avec Christ. Nous nous faisons des amis, puis nous les accompagnons sur le chemin qui mène à Christ. Nous devons comprendre Dieu et ses voies, puis vivre en accord avec la Bible. Nous voulons être exacts dans notre compréhension et saints dans notre manière de vivre. Nous cherchons à connaître la vérité et à bien vivre. Tout cela pour la gloire de Dieu qui nous a créés à son image !

9

PAYER LE PRIX

Comment faire des disciples ? Il faut trouver quelqu'un, déterminer un objectif, puis simplement le faire. Formons des disciples. Et pour ce faire, il faut payer le prix. Ce prix implique du temps, de l'étude, des prières et de l'amour.

1. FAIRE DES DISCIPLES PREND DU TEMPS

De toute évidence, lorsque je dis « faire des disciples », je n'entends pas par là que toutes les relations de formation de disciples se ressemblent. Les miennes ne se ressemblent pas. Elles dépendent des circonstances de ma vie et de la vie de l'autre personne. De plus, ces relations changent avec le temps. Il se peut que pendant un certain temps, je voie quelqu'un presque chaque jour, puis chaque semaine et enfin, une fois par mois. De même, ces relations peuvent évoluer et devenir plus ou moins formelles. Et que nous appelions ces liens « relation de formation de disciples » ou non, cela n'a pas d'importance. Cependant, ce que toutes ces relations ont en commun, c'est qu'elles prennent du temps !

Le prix du temps à consacrer dans une formation de disciples justifie la nécessité d'être intentionnel. Le temps limite le nombre de relations de disciples que l'on peut entretenir. On peut former les foules en prêchant ou en écrivant un article, mais je parle ici de formation un à un ou en petits groupes. Celle-ci doit être délibérée et intentionnelle.

Même si les horaires coïncident, les relations de formation de disciples prennent du temps. La commodité n'efface pas totalement le prix à payer. Nous nous faisons réciproquement don de notre temps chaque fois que nous entretenons une relation un à un. D'une part, nous payons ce prix dans une certaine mesure, par exemple en discutant avec des gens après le culte ou en faisant nos courses ensemble. D'autre part, il en coûte davantage si nous planifions par exemple un repas ensemble chaque semaine. Nous pouvons passer du temps ensemble de différentes manières : dans un café, à la bibliothèque, au garage ou en faisant du jardinage.

Certaines personnes auront tellement envie de passer du temps avec vous qu'elles s'introduiront dans votre vie et seront prêtes à vous servir, vous et votre famille. Lorsqu'on fait preuve de transparence et d'honnêteté dans la relation, le temps est bien utilisé. Comme je l'ai déjà mentionné précédemment, les exemples de combat que nous menons sont souvent plus puissants que les histoires de succès ou de triomphe que nous racontons. Les épreuves dévoilent en qui notre cœur se confie et quelles sont nos espérances. Le temps que l'on passe dans ce monde déchu est irrémédiablement marqué par des épreuves. Les épreuves sont des moments clés de la formation de disciples, qu'elles surviennent dans la vie du formateur ou dans celle du disciple.

Attention : si nous ne développons pas ces relations avant d'en éprouver le besoin, il pourrait être trop tard par la suite.

2. LA FORMATION DE DISCIPLES EXIGE DE L'ÉTUDE

Si la foi vient de la Parole qu'on entend, nous devons nourrir notre foi avec la Parole. La prédication textuelle que nous entendons à l'Église (en tout cas, je l'espère) constitue un bon fondement pour entamer des conversations au cours de la semaine qui suit. D'autres livres peuvent également aider, car ils permettent d'approfondir les sujets de conversation.

Nous étudions ce que nous aimons. À l'âge de sept ans, mon ami Sébastien utilisait des cartes de baseball comme cartes d'apprentissage et demandait à sa mère de l'interroger sur des statistiques de baseball. De toute évidence, il aimait le baseball. Ceux qui aiment Jésus et ont l'intention de le suivre devraient-ils faire preuve de moins de zèle ? La vie de disciples et la formation de disciples impliquent d'aimer Dieu avec notre pensée. Nous devrions aspirer à le connaître et en aider d'autres à le connaître tel qu'il s'est révélé lui-même par l'intermédiaire de la Parole.

Dans nos relations de formation de disciples, utilisons la Bible. Passons du temps dans la Parole.

3. LA FORMATION DE DISCIPLES NÉCESSITE DE PRIER

Paul nous exhorte à « prier sans cesse » (1 Th 5.17). Prions pour ceux que nous formons et enseignons-leur à prier. Nous avons besoin de changements surnaturels, même si Dieu utilise des moyens humains comme la prière.

Dans la formation que nous dispensons, nous devons poser des questions qui aident les gens à réfléchir à leurs prières. Savent-ils comment prendre un passage des Écritures et le transformer en prière ? Passent-ils du temps personnel dans la prière ? Pour quel genre de choses prient-ils ? Pour qui prient-ils ? Prient-ils pour des amitiés ? Pour un ministère ? Pour leurs finances ? Pour des amis qu'ils voudraient voir se convertir ? Pour leur pureté et leur sanctification personnelles ?

Lisons de bons livres qui illustrent comment prier à partir des Écritures, comme celui de D. A. Carson intitulé *La prière renouvelée* ou celui de Donald S. Whitney, intitulé *Enfin réussir à prier !* Et prions.

4. LA FORMATION DE DISCIPLES NÉCESSITE D'AIMER

Jésus enseigne ce qui suit : « Comme je vous ai aimés, vous aussi, aimez-vous les uns les autres » (Jn 13.34). Il résume également toute la loi dans ces deux commandements : aimer Dieu et aimer son prochain comme soi-même (Mc 12.28-31). J'espère que vous comprenez à quel point l'amour est important dans une relation de formation de disciples.

C'est l'amour qui amorce la relation de formation de disciples. Sinon, pourquoi nous lancerions-nous dans une telle entreprise ? C'est l'amour qui nous pousse à renoncer à nous-mêmes et à servir les autres. C'est l'amour qui nous amène à prendre le risque d'être rejetés, ce qui représente toujours une menace lorsqu'on entame une relation. C'est toujours l'amour pour Dieu et pour les autres qui nous conduit à voir au-delà des difficultés et à payer le prix, car nous aspirons à voir la personne grandir.

Dans une relation de formation de disciples, l'amour persévère. Si ce n'était pas de l'amour, pourquoi supporterions-nous les défis qu'elle comporte ? « Il me tient pour acquis. » « Elle ne voit pas combien ça me blesse ! » « Je suis trop occupé. » Les relations de formation de disciples peuvent être géniales, mais même les relations géniales exigent de persévérer dans l'amour, comme c'est le cas dans le mariage. Bien sûr, cela exige que nous nous rappelions que Dieu nous a aimés radicalement et pleinement. Et cet amour déborde et continue de déborder.

L'amour reçoit humblement la critique qui survient souvent dans une relation de formation de disciples. L'amour et la vanité ne peuvent pas fonctionner ensemble. Si je me préoccupe seulement de ce que l'autre pense de moi au lieu de me demander comment il va, ce sera difficile pour moi de l'aimer et de le former comme je le devrais. Je ne pourrai pas partager ou recevoir une parole de correction lorsque ce sera nécessaire. Pour éviter de telles situations, mon amour pour Dieu et pour mon ami doit surpasser mon amour pour ma propre réputation. « Les blessures d'un ami prouvent sa fidélité » (Pr 27.6).

Dans une relation de formation de disciples, l'amour se donne humblement. Nous pouvons parfois être tentés de penser que nous sommes trop grands, trop importants ou trop occupés pour aimer l'autre. Il faut bien sûr prendre en compte notre emploi du temps. Néanmoins, l'amour nous rend capables de valoriser l'autre comme nous devrions le faire et de nous dévouer pour elle. Nous construisons un capital relationnel afin de le dépenser pour le bien de ceux que nous aimons.

L'amour nous rend capables de mettre fin aux relations de formation de disciples. Nous ne sommes pas Dieu. Nous ne pouvons pas pourvoir à tous les besoins d'une personne. Nous ne sommes pas toujours disponibles. Les gens déménagent. Des enfants naissent. On change d'emploi. Les circonstances changent. Parfois, les gens ont besoin d'une chose que nous ne sommes pas en mesure d'offrir. Nous avons besoin d'un amour qui nous humilie suffisamment pour pouvoir reconnaître que ce n'est pas de nous dont ils ont besoin, mais de Dieu, et que Dieu peut nous utiliser pendant un temps, puis utiliser quelqu'un d'autre.

CONCLUSION

Chacun de nous est appelé à aimer et à être aimé. Tout ce que le Seigneur nous donne, il veut que nous le redonnions aux autres, d'une manière ou d'une autre. En tout temps, nous pouvons utiliser la vérité, la prière ou l'amour qu'il nous donne pour les autres.

Richard Sibbes a écrit : « Un jour, nous devrons rendre des comptes à Dieu, non seulement pour les messages que nous aurons entendus, mais aussi pour les exemples de ceux parmi lesquels nous aurons vécu[1]. » Se pourrait-il que dans nos Églises évangéliques actuelles, nous parlions trop ? Certes, nous prononçons des paroles qui sont bonnes, vraies et nécessaires. Cependant, ces mots sont incomplets sans les vies qui expliquent et démontrent leur signification.

Quelle que soit l'Église que nous fréquentons, les occasions de faire des disciples sont vastes ! Nous avons même la possibilité de produire un impact sur les personnes qui fréquentent notre Église pendant une courte période, afin que lorsqu'elles en partiront, elles puissent étendre notre ministère à une autre Église. La formation de disciples comporte effectivement ses défis et ses coûts. Mais dans tout cela, c'est Dieu qui reçoit la gloire !

10

FORMER DES RESPONSABLES

Le Nouveau Testament est rempli de directives au sujet de la formation des croyants en général. Mais de temps à autre, il met l'accent sur la formation des responsables en particulier. Dans Tite par exemple, Paul dit : « Je t'ai laissé en Crète, afin que tu mettes en ordre ce qui reste à régler, et que, selon mes instructions, tu établisses des anciens dans chaque ville » (Tit 1.5). Il décrit ensuite comment les anciens devraient être. Il demande également à Timothée de trouver des « hommes fidèles, qui soient capables d'enseigner aussi à d'autres » (2 Ti 2.2).

Par la même occasion, je voudrais terminer ce livre en offrant mes conseils et en partageant comment j'ai personnellement travaillé pour trouver, encourager et former d'autres dirigeants dans ma communauté, que ce soit pour servir dans mon Église ou dans d'autres Églises. Bon nombre des points que j'aborderai ci-dessous s'appliquent à la formation de disciples en général. Après tout, les critères énumérés dans Tite 1 et dans 1 Timothée 3 pour décrire un bon ancien devraient caractériser chaque chrétien, à l'exception bien sûr du fait de ne pas être un jeune converti et d'être capable d'enseigner. Autrement dit, les objectifs de la formation de disciples des croyants et celle des futurs responsables d'Églises sont pour la plupart les mêmes. Nous recherchons la maturité en Christ. J'espère et je pense donc que les outils suivants seront utiles à tout type de lecteur.

Je voudrais néanmoins charger les anciens de réfléchir à la façon de former les futurs responsables. Il s'agit de l'une de leurs obligations particulières. Samuel Miller a dit un jour :

> Où que vous résidiez, efforcez-vous toujours d'acquérir et de maintenir une influence sur les jeunes hommes. Ils représentent l'espoir de l'Église et de l'État. Celui qui contribue à imprégner leur esprit de sagesse, de vertu et de piété est l'un des plus grands bienfaiteurs de son espèce. Ils méritent donc votre attention la plus singulière et infatigable… Bref, employez toutes les méthodes chrétiennes pour qu'ils s'attachent à vous et à votre ministère, et pour les inciter le plus tôt possible à s'intéresser aux affaires de l'Église[1].

Voici donc les neuf étapes de la formation de responsables d'Église.

1. DIRIGER EN CHERCHANT À DÉVELOPPER LES QUALITÉS BIBLIQUES

Commençons par les critères que Paul donne à Timothée et Tite :

> Si quelqu'un aspire à la charge d'évêque, il désire une œuvre excellente. Il faut donc que l'évêque soit irréprochable, mari d'une seule femme, sobre, modéré, réglé dans sa conduite, hospitalier, propre à l'enseignement. Il faut qu'il ne soit ni adonné au vin, ni violent, mais indulgent, pacifique, désintéressé. Il faut qu'il dirige bien sa propre maison, et qu'il tienne ses enfants dans la soumission et dans une parfaite honnêteté, car si quelqu'un ne sait pas diriger sa propre maison, comment prendra-t-il soin de l'Église de Dieu ? Il ne faut pas qu'il soit un nouveau converti, de peur qu'enflé d'orgueil il ne tombe sous le jugement du diable. Il faut aussi qu'il reçoive un bon témoignage de ceux du dehors, afin de ne pas tomber dans l'opprobre et dans les pièges du diable (1 Ti 3.1-7 ; voir aussi Tite 1.6-9).

Il n'y a rien d'extraordinaire dans ces vertus. Toutefois, comme je l'ai entendu un jour de la bouche de D. A. Carson, un ancien fait ce qu'un chrétien ordinaire devrait faire, mais il le fait extraordinairement bien. Il est un modèle pour le troupeau. Il est l'image de la maturité pour les autres.

De temps à autre, je demande à de jeunes hommes s'ils ont déjà envisagé de servir en tant qu'anciens. Je leur pose la question au début de leur vie de disciple, car je sais que cela peut prendre des années avant qu'ils soient qualifiés et prêts. C'est ma façon de leur demander si servir et bâtir l'Église fait partie de leurs ambitions, et si ce n'est pas le cas, c'est l'occasion de leur demander pourquoi. Cette liste constitue un bon outil de formation pour *tous* les chrétiens (à l'exception de la capacité d'enseigner). Cela dit, je ne crois pas que Paul considérait sa liste de critères du bon ancien comme exhaustive. À titre d'exemple, à aucun endroit il n'est question d'être un « fervent lecteur de la Bible » ou « un homme de prière ». Je pense toutefois que chaque ancien devrait avoir ces deux qualités. En ce qui concerne la formation des responsables en général ou des hommes que l'Église soutient financièrement, je pense qu'il est important de se tourner vers ceux qui ont des dons naturels pour diriger. Je veux soutenir et équiper des hommes qui semblent capables de faire avancer le christianisme et de l'amener là où je ne pourrai jamais aller : l'avenir, après ma mort.

Est-ce que cela va à l'encontre de Jacques 2.1 et revient à faire du favoritisme ? Je ne crois pas. Jacques dénonce le fait de favoriser les riches au détriment des autres. Cependant, le mauvais discernement dans ce cas précis et cette forme de discrimination ne signifient pas que toutes les distinctions sont mauvaises.

Rappelons-nous que Paul demande à Timothée de trouver des « hommes fidèles » qui soient capables « d'enseigner aussi à d'autres », et qui « *[aspirent]* à la charge d'évêque ». Un homme peut y aspirer pour de mauvaises raisons, mais un homme qui n'y aspire pas du tout n'est pas qualifié.

En fin de compte, nous devons guider les hommes pour qu'ils soient qualifiés selon les critères bibliques. C'est la première étape. Et plus un homme fera preuve de dons naturels qui se manifesteront par le fait que des gens le suivent, plus nous pourrons lui fournir des occasions pour qu'il s'exerce à diriger.

2. ADOPTER UNE ATTITUDE DE RECHERCHE

Si l'on souhaite former des responsables, on doit en permanence être à la recherche de plus de responsables. C'est l'attitude qu'on devrait adopter en particulier si on est un ancien. Phillip Jenson, un anglican de Sydney, utilise le terme « types à surveiller ». Pouvez-vous en nommer dans votre entourage ?

Les pasteurs devraient saisir toutes les occasions pour former plus de pasteurs. L'ensemble de l'Église devrait être profondément convaincu que le Seigneur veut élever de nouveaux dirigeants.

Je garde les yeux ouverts de nombreuses façons. Je passe du temps avec les membres de l'assemblée et j'interagis avec eux. Le dimanche après le culte, je me tiens à la porte et je suis attentif à qui dit quoi et qui interagit avec qui. Je fais en sorte d'offrir des occasions d'enseigner dans différentes activités d'Église durant la semaine où des enseignants doués peuvent émerger. Le fait de prier quotidiennement pour les membres en passant en revue l'annuaire de l'Église attire également mon attention sur certaines personnes.

3. CONSACRER DU TEMPS PERSONNEL

Passer du temps avec les gens est une étape fondamentale de la formation des responsables. Précédemment dans ce livre, j'ai mentionné le passage où Jésus appelle ses disciples à le suivre sur la montagne pour qu'ils puissent « être avec lui ».

Malheureusement, je vois certains pasteurs bâtir des murs autour d'eux-mêmes. Ceux-là ne formeront pas d'autres dirigeants, du moins pas directement.

Je ne dis pas qu'il faut être extraverti, mais un pasteur doit trouver un moyen de passer du temps avec d'autres dirigeants potentiels de son Église. Hébreux 13 exhorte les membres de l'Église à suivre l'exemple d'un ancien. Comment peuvent-ils le faire s'ils ne connaissent pas bien leurs responsables ? L'appel de Paul à imiter requiert la même chose : du temps.

Par conséquent, un pasteur doit trouver des moyens de passer du temps avec des hommes plus jeunes. Les repas peuvent être une très bonne option. Lorsque ma femme me demande d'aller au supermarché, je transpire de peur à l'idée de revenir avec les mauvais articles (c'est mon problème, pas le sien !), alors j'amène souvent un frère avec moi. De cette manière, nous avons l'occasion de passer intentionnellement du temps ensemble et de partager la responsabilité de l'erreur. J'inclus également des personnes dans mon programme de préparation des sermons : j'organise un déjeuner consacré à la réflexion sur la mise en application et une soirée le samedi pour avoir un dernier aperçu. Non seulement ces rencontres améliorent le sermon, mais en plus, je peux apprendre à connaître différentes personnes et les encourager.

J'utilise toutes ces choses en les adaptant à ma vie, à mon travail et à mon emploi du temps. Organisons au mieux notre emploi du temps, puis incluons-y des disciples.

4. ACCORDER DAVANTAGE SA CONFIANCE

Si nous voulons voir émerger de nouveaux responsables, notre attitude globale devrait être marquée par la volonté d'accorder notre confiance. Ayant vécu à plusieurs endroits et ayant beaucoup voyagé, je sais que la disposition à faire confiance varie d'un endroit à l'autre.

Toutefois, je crois sincèrement que la confiance est une caractéristique propre à l'amour : l'amour croit tout, il espère tout, il supporte tout (1 Co 13.7). Dans votre Église, il y a probablement des membres à qui le Seigneur a confié un grand talent. Mais pour le découvrir, quelqu'un doit leur faire confiance et cela équivaut à accorder une sorte de crédit. C'est ce que font les bons dirigeants. Ils n'attendent pas que les gens fassent leurs preuves d'eux-mêmes pour leur donner ensuite des occasions d'enseigner. Ils voient plutôt le signe d'une chose qui avec un peu d'encouragement pourrait croître et se développer. Ils font donc une avance similaire à un crédit et laissent le jeune disciple le dépenser !

De nombreux dirigeants, malgré de bonnes intentions, sont parfois trop conservateurs. Plus d'une fois, j'ai vu des pasteurs être incapables de reconnaître l'aptitude à diriger chez quelqu'un d'autre. J'ai également vu des anciens être nommés, puis exiger bien plus des anciens potentiels que ce qu'on avait exigé d'eux-mêmes. Ils ont brûlé les ponts derrière eux pour que personne ne parvienne là où ils sont ! Nous commettrons tous des erreurs. Nous n'obtiendrons pas un parcours sans faute. En tout cas, ce n'est pas mon cas. Néanmoins, je prends certainement des risques dans mon leadership. Cela en vaut la peine. Christ bâtit son Église. Dieu est souverain. Alors, nous devrions aller dans ce sens et prendre des risques.

De son côté, l'assemblée doit être patiente envers les jeunes hommes lorsqu'ils dirigent et font des erreurs liées à leur jeunesse. Je dis souvent aux Églises de ne pas avoir peur de nommer un lionceau. Il égratignera peut-être le sol ou endommagera certains meubles, mais si on est patient avec lui, on finira par obtenir un lion qui nous aimera pour la vie.

5. DÉLÉGUER LES RESPONSABILITÉS

Ce point est lié au précédent. Comment pouvons-nous accorder davantage notre confiance ? En déléguant certaines responsabilités et opportunités. Cela comprend plusieurs éléments :

Donner aux gens l'occasion de diriger. Il faut tenir discrètement une liste des hommes de l'assemblée qui pourraient prier publiquement, être de bons enseignants, de bons présidents de culte ou moniteurs d'école du dimanche. Il faut les tester en déléguant. Une fois de plus, je reconnais que certains pasteurs sont très protecteurs à l'égard de leur troupeau : « Mais Mark, c'est *moi* que le Saint-Esprit a établi comme pasteur sur le troupeau » (voir Ac 20.28). Et c'est là que je dis : « Même après votre mort, cher ami, l'Église se portera bien ! » Vous pouvez faire en sorte qu'elle aille *encore mieux* en lâchant prise et en préparant les prochains dirigeants en leur déléguant des tâches. Le but n'est pas de vous bâtir un royaume, mais d'habiliter d'autres personnes en leur donnant l'occasion de diriger et d'enseigner.

Oublier les votes et les arguments. Déléguer son autorité implique de céder un certain contrôle. Si on est prêt à agir ainsi, on doit également être prêt à perdre des votes et à ne pas toujours avoir le dernier mot. Tout ne doit pas toujours être fait à notre manière. Si on ne laisse pas les gens diriger d'une manière différente de celle que l'on souhaiterait voir, cela montre en fait que *l'on n'est pas réellement prêt à les laisser diriger* ! Il est vrai qu'on sera peut-être déçu de perdre dans tel ou tel aspect. Mais ce qu'on gagne à encourager d'autres à diriger représente un meilleur investissement à long terme (sans parler du don de leur sagesse qui peut être une réelle bénédiction pour l'Église).

Cultiver le respect pour les autres dirigeants. Il y a quelques années, le pasteur adjoint et moi-même étions sur la plate-forme à l'avant de l'Église. Il était sur le point de conduire une étude biblique. Nous étions en train de plaisanter et je lui ai tapoté la tête (il est plus petit que moi). Il m'a immédiatement pris à part et m'a dit gentiment, mais fermement : « Mark, arrête. Tu ne peux pas me traiter comme ça devant l'assemblée si tu veux qu'elle me respecte. » Une fois qu'il l'a dit, cela m'a semblé tellement évident. Bien sûr ! Publiquement, je devais le traiter comme un dirigeant et veiller à ce que ce respect envers lui soit cultivé au sein de l'assemblée.

6. ÉMETTRE DES COMMENTAIRES

Une fois les responsabilités et les occasions de ministère déléguées, il faut également créer un contexte qui permette d'émettre des commentaires. Pour commencer, cela implique de montrer à ceux que nous formons comment donner et recevoir des critiques constructives. Soyons honnêtes et tendres avec nos frères concernant les éléments qu'ils pourraient améliorer.

Notre capacité à émettre des critiques constructives sera grandement améliorée en montrant l'exemple de ce que signifie recevoir une critique selon Dieu. Pour encourager ce processus, j'essaie de recevoir les commentaires de critiques sans répondre en retour (je n'y arrive pas toujours), même si je ne suis pas d'accord avec cette critique. Je réplique lorsque je pense que le commentaire induira d'autres personnes en erreur. Cependant, si après avoir invité les gens à me faire des commentaires, je rejette toute critique constructive de la part d'un jeune homme, il finira rapidement par penser qu'il est inutile (et embarrassant) de partager son opinion franche avec moi. Et cela ne me sera pas du tout utile ! Dans mon ministère, je pourrais toujours faire mieux. Les commentaires qu'on m'a faits ces vingt dernières années m'ont considérablement aidé à mieux servir l'Église.

En plus de montrer comment émettre ou recevoir une critique constructive, nous devons montrer comment encourager sainement. Paul a un grand nombre de critiques à faire à l'Église de Corinthe et pourtant, il commence sa lettre en remerciant Dieu pour eux : « Car en lui *[ils ont]* été comblés de toutes les richesses qui concernent la parole et la connaissance, [...] de sorte qu'il ne *[leur]* manque aucun don » (1 Co 1.5,7). Je ne pense pas que Paul flattait les Corinthiens. Je pense qu'il reconnaissait à juste titre ce que Dieu avait fait. Ne devrions-nous pas reconnaître que ce qui vient de Dieu appartient à Dieu, comme les manifestations de sa grâce dans la vie de chacun ? Encourager les dirigeants potentiels devrait leur apprendre à rendre gloire *à Dieu.*

J'ai trop souvent vu des hommes, en particulier des jeunes, agir comme si diriger se résumait à corriger les autres. C'est la raison pour laquelle les sermons des jeunes sont souvent marqués par la réprimande. Ce qu'ils n'ont pas compris, c'est que souvent, on accomplit plus de choses par l'encouragement. Il y a un temps pour réprimander. Cependant, 80 à 90 pour cent de ce que l'on espère corriger peut l'être grâce à l'encouragement. Si nous jetions un coup d'œil en arrière en repensant aux personnes qui nous ont le plus influencés, nous constaterions peut-être que ce sont les personnes qui ont cru en nous. Henry Drummond a dit un jour : « Si vous réfléchissez un instant, vous découvrirez que les personnes qui vous influencent le plus sont celles qui croient en vous. Dans une atmosphère de suspicion, l'homme se flétrit. Mais dans une atmosphère de confiance, il s'épanouit, se voit encouragé et instruit en bonne compagnie[2]. »

Quand des hommes que je forme énoncent un encouragement ou une critique, envers moi-même ou envers d'autres, j'en apprends autant sur eux que sur les choses qu'ils commentent. Cela correspond à se trouver dans une galerie d'art et à observer non pas les peintures, mais les gens qui les admirent. Qu'est-ce qui attire leur regard ? Sur quoi s'attardent-ils ? Lorsqu'on est pasteur, mettre en place un contexte favorable aux retours contribue à la formation.

7. ENCOURAGER L'AUTORITÉ QUI VIENT DE DIEU

Trop souvent de nos jours, les gens ne comprennent pas que l'autorité qui vient de Dieu est un cadeau. Lorsque nous formons de nouveaux responsables, nous devons enseigner ce qu'est l'autorité divine et l'encourager. Jésus a enseigné à ses disciples comment faire bon usage de l'autorité (Mt 20.25-27).

Notre monde déchu utilise l'autorité à mauvais escient et ment au sujet de l'autorité bien utilisée. Le premier mensonge de Satan à Adam et Ève était que Dieu ne pouvait pas à la fois les aimer et leur dire non.

Lorsque des gens deviennent nerveux en entendant le mot complémentarisme et s'en excusent, c'est qu'ils ont probablement une idée erronée de l'autorité. Ils semblent penser qu'elle n'implique que des avantages pour la personne qui la détient. Ils n'ont apparemment pas eu d'enfants ! L'autorité semble avantageuse seulement aux yeux de quelqu'un qui ne l'a pas. Lorsqu'on la détient, presque tous les « avantages » semblent s'envoler. On commence alors à comprendre à quel point il s'agit d'un service, un service glorieux certes, mais un service tout de même.

C'est devenu évident pour moi il y a des années, alors que je prêchais sur le livre de 2 Samuel. Les « derniers mots » de David sont frappants : « Celui qui règne parmi les hommes avec justice, celui qui règne dans la crainte de Dieu est pareil à la lumière du matin, quand le soleil brille et que la matinée est sans nuages ; ses rayons après la pluie font sortir de terre la verdure » (23.3,4). Une bonne autorité constitue une bénédiction pour ceux qui y sont soumis. Elle les nourrit. Les gens seront attirés par une autorité exercée de manière saine, employée pour le bien de ceux qui se trouvent sous sa responsabilité et non comme les utilisant pour son propre profit. On n'a qu'à observer combien une famille ou une équipe prospère lorsqu'elle est dirigée par de bons parents ou un bon entraîneur.

C'est pour cette raison que l'abus d'autorité des pasteurs est un péché terriblement destructeur et blasphématoire. Par ailleurs, les histoires de prédicateurs de la prospérité qui achètent des jets privés à des dizaines de millions de dollars reflètent quelque chose d'incroyablement tordu et satanique. De tels « pasteurs » perpétuent le mensonge que Satan a sifflé à l'oreille d'Adam et Ève dans le jardin d'Éden : cette autorité est simplement un moyen d'abuser des gens au profit du dirigeant. Nous pouvons être reconnaissants, car le Roi sur la croix nous montre que ce n'est pas ainsi qu'opère l'autorité divine.

Jésus a enseigné à ses disciples comment faire bon usage de l'autorité et nous devons en faire autant avec tous les hommes que nous formons comme dirigeants. En outre, les pasteurs doivent montrer l'exemple d'une telle autorité.

8. S'ATTENDRE À DE LA CLARTÉ

Les dirigeants d'Église doivent se montrer particulièrement explicites au sujet de la doctrine et de l'enseignement de la vérité en général. C'est ce qu'impliquent les mots de Paul aux dirigeants d'Éphèse dans Actes 20, et c'est ce qu'il insinue dans ses lettres à Timothée et à Tite. Il évoque par exemple le fait qu'Adam « n'a pas été séduit, mais *[que]* la femme, séduite, s'est rendue coupable de transgression » (1 Ti 2.14). Un responsable doit être lucide au sujet de la vérité. Nous avons besoin de personnes qui ont une capacité naturelle à répondre à la question « pourquoi ». Et ils doivent être particulièrement clairs sur certaines questions : les aspects fondamentaux de la théologie et de l'Évangile, les doctrines qui distinguent notre

Église des autres et ces enseignements de la Bible qui sont actuellement attaqués et impopulaires dans le monde entier.

9. PROMOUVOIR UNE CULTURE D'HUMILITÉ

Les huit éléments que nous venons de voir nécessitent une culture d'humilité. La formation de disciples ne dépend pas de la convoitise, mais de l'humilité.

Je ne fais pas preuve d'humilité si je me dis, en observant quelqu'un d'autre dans le ministère : « Je pourrais faire mieux ! » Ou encore si je pense, découragé : « Je ne pourrai jamais faire *aussi* bien. » Dieu accomplit différentes bonnes choses avec des personnes différentes. Nous sommes comme les différents instruments d'un même orchestre, et un bon dirigeant aide chaque personne à trouver sa place. Pourquoi le trombone serait-il jaloux des timbales ? Tous deux peuvent être appréciés pour ce qu'ils sont.

Promouvoir une culture d'humilité signifie combattre la crainte des hommes, et cela est possible lorsqu'on apprend à craindre Dieu. Avant que des hommes participent au stage pastoral organisé par mon Église, nous leur demandons de lire le livre *Quand les hommes ont plus d'importance que Dieu* d'Edward Welch. Si vous ne connaissez pas ce livre, je vous le recommande vivement. Tout dirigeant potentiel devrait apprendre à reconnaître sa propre crainte des hommes. Une façon de reconnaître cette crainte chez un stagiaire est de l'observer lorsqu'il arrive dans l'Église et qu'il se sent menacé par d'autres dirigeants solides. Or, je veux autant de responsables solides que possible. Après tout, mon ministère consiste en partie à préparer mon Église pour le prochain pasteur.

En règle générale, l'humilité nous pousse à nous exprimer lorsque nous devrions nous exprimer et à garder le silence lorsque nous devrions garder le silence. Elle nous rend à la fois tendres et résistants. Je voudrais voir l'Église de Dieu prospérer en voyant davantage de dirigeants humbles être formés et je pense que notre humilité concourra à ce que cela arrive.

Quelle joie d'être employé par Dieu pour former d'autres disciples ! Pourquoi ne pas passer notre vie à le faire ?

CONCLUSION

de Jonathan Leeman

Tout au long de ce livre, Mark utilise des illustrations pour décrire sa manière de mettre en pratique ses propres instructions. Pour des raisons évidentes, ce qui manque au lecteur est la grande illustration de sa propre vie. Je trouve cela regrettable. J'ai en effet côtoyé Mark pendant près de vingt ans en tant que membre de son Église et j'ai servi à ses côtés pendant près de dix ans. J'aurais aimé que le lecteur puisse voir ce que j'ai vu afin de mettre une image sur les principes qu'il a évoqués dans les dix chapitres que vous venez de lire.

Certaines choses que fait Mark lorsqu'il forme des disciples découlent des caractéristiques de sa personnalité et ne peuvent pas être reproduites. La bonne nouvelle pour vous et moi, c'est que les outils bibliques dont il parle dans ce livre peuvent l'être. Il en va de même pour les leçons qu'il donne sur un thème précis que je voudrais explorer ici : le thème de l'autorité.

J'ai demandé ou plutôt saisi le privilège de conclure cet ouvrage afin de peindre l'illustration de sa vie, pour vous aider à voir ce que je vois. En une seule phrase, je peux résumer une chose que Mark fait remarquablement bien et que je vous recommande, peu importe votre occupation professionnelle ou le rôle que vous exercez dans votre Église. Combinez ces deux éléments : *exercez l'autorité et cédez l'autorité.*

Je me doute que la plupart des gens considèrent ces pratiques comme opposées et il est vrai que dans un monde déchu, elles le sont. Cependant, toute personne qui connaît la vie de Christ et qui comprend comment fonctionne l'autorité divine en général sait qu'*exercer et céder l'autorité* sont deux faces d'une même pièce.

Vous pouvez sans doute deviner ce que j'entends par *exercer l'autorité.* Cela signifie qu'un individu se considère comme responsable du travail à accomplir et des décisions à prendre. Il détient un pouvoir moral de décision dans un domaine particulier. Il prend donc l'initiative, le contrôle, les décisions et il s'assure que le travail est fait. C'est ainsi que Mark agit dans son Église. Il dirige et mène la barque. Il maintient le cap qu'il a tracé avec les anciens et que notre Église suit, et il n'y a ni timidité ni réticence dans sa façon de diriger.

Si une personne exerce l'autorité avec orgueil, dans le meilleur des cas, elle le fera de manière insensible et dans le pire des cas, elle le fera avec dureté. Elle verra les gens comme un moyen d'atteindre ses propres fins, et ils ne s'épanouiront pas et ne grandiront pas.

Cependant, si quelqu'un dirige avec humilité, il *exerce l'autorité* tout en la *cédant.* Après tout, il ne recherche pas son propre intérêt, mais celui de la Personne qui lui a assigné cette fonction. Par conséquent, il s'efforcera d'équiper et d'habiliter davantage de personnes pour la tâche. Une fois de plus, c'est ce que fait Mark. Il délègue constamment, il offre des occasions de servir et il équipe les autres pour qu'ils puissent diriger.

COMMENT TRANSMETTRE L'AUTORITÉ

Je vous laisse le soin de réfléchir à ce que signifie céder l'autorité dans le cadre de la formation de disciples, que vous formiez des disciples à la maison, dans votre lieu de travail, à l'école du dimanche, dans un petit groupe, dans un ministère paraecclésial, dans une relation d'amitié ou dans tout autre domaine. Toutefois, permettez-moi d'énumérer quelques exemples que j'ai vus chez Mark dans son appel particulier à titre de pasteur principal (j'ai personnellement fait de son exemple un impératif). Mon but n'est pas d'exalter Mark, mais de vous encourager (comme Paul l'a dit de lui-même) à l'imiter comme il imite Christ. J'espère aussi que vous prendrez conscience de ceci : le travail de formation de disciples va au-delà des relations un à un ciblées dans ce livre. En fin de compte, faire des disciples est une façon de vivre avec les autres. Cela consiste à structurer l'ensemble de nos interactions dans l'optique de devenir *des exportateurs d'opportunités.* Voici donc comment un pasteur peut y parvenir. Les questions en italique concernent tout le monde :

- Bâtissez l'Église sur l'Évangile. Peu importe qui enseigne, l'Évangile doit être au premier plan et au centre. Lorsque les relations et les structures de pouvoir sont fondées sur l'Évangile, les gens usent de leur autorité non pas pour dominer, mais pour se servir les uns les autres (Mt 20.25-28). *Construisez-vous vos relations de formation de disciples sur l'Évangile ou sur la performance ?*

- Instaurez de la diversité en ayant à la fois des anciens qui font partie du personnel rémunéré et des anciens qui n'en font pas partie. Dans un conseil composé exclusivement d'anciens faisant partie du personnel rémunéré, chacun a une voix, mais la structure du personnel impose une hiérarchie. Ajouter au conseil des anciens qui ne font pas partie du personnel rompt cette hiérarchie et l'aplanit. *Donnez-vous une responsabilité officielle à d'autres ? Tenez-vous compte des conseils extérieurs dans votre champ d'expertise et d'autorité ?*
- Soyez prêts à perdre des votes des anciens. J'ai entendu parler de pasteurs principaux qui ne « perdent jamais de votes ». Si c'est le cas, autant se débarrasser de ses anciens. De toute évidence, cela affaiblit leur rôle de dirigeant ! *Les décisions doivent-elles toujours aller dans votre sens ?*
- Limitez le pourcentage de vos prédications. Avec l'accord des anciens, Mark se limite à prêcher 50 % à 65 % des dimanches matin. De cette façon, d'autres voix peuvent commencer à se faire entendre et gagner en autorité. L'assemblée dépend alors plus de la Parole que d'un homme en particulier. *Donnez-vous à quelqu'un que vous formez l'occasion de partager la tribune ?*

- Créez de nombreuses autres occasions d'enseigner. *Cherchez-vous activement à créer des opportunités de ministère pour les autres?*
- Accordez aux jeunes enseignants l'occasion de faire des erreurs. Je peux citer un ou deux cas où un enseignant ou prédicateur a dit quelque chose de tellement inapproprié qu'on ne l'a pas invité à revenir enseigner. Or, la plupart du temps dans notre Église, nous accordons aux jeunes enseignants une certaine marge de manœuvre qui leur permet d'être ennuyants ou de faire des erreurs à l'occasion. Comme l'Église dépend plus de la Parole que de Mark, l'assemblée est très patiente envers les jeunes. *Êtes-vous le genre de formateur qui ne laisse qu'une seule chance ou laissez-vous la liberté aux gens de faire des erreurs de débutants?*
- Permettez à d'autres personnes de vous voler vos idées. Mark laisse les autres enseignants de l'Église adapter librement ses anecdotes, emprunter ses meilleures répliques et calquer ses messages. *Avez-vous besoin de toujours recevoir tout le mérite?*
- Soyez lent à parler et parlez avec modération aux réunions d'anciens. *Lorsque vous devez choisir un restaurant ou discuter d'un problème éthique complexe, devez-vous toujours avoir le dernier mot dans les conversations?*
- Ne présidez pas les réunions d'anciens ou de membres. Donner à un autre la chance de présider, de planifier et de diriger les réunions est un moyen facile de déléguer

de l'autorité. *Devez-vous toujours être le roi ou savez-vous également jouer les faiseurs de rois ?*

- Laissez d'autres anciens diriger l'assemblée lorsque des problèmes difficiles émergent au cours des réunions de membres. Quand il s'agit de diriger l'Église dans les cas de discipline, de grandes décisions financières ou d'autres sujets complexes, l'ancien qui est le plus impliqué est souvent la personne la plus à même de diriger publiquement l'Église. *Êtes-vous profondément conscient du fait que l'Esprit a doté le corps de Christ de différents dons, que chaque partie du corps est nécessaire et que vous dépendez pleinement de tout le corps ? Votre façon de diriger et de former des disciples reflète-t-elle ce principe, étant donné que vous faites constamment appel à d'autres personnes pour qu'elles apportent leur expertise et leurs atouts ?*
- Consacrez-vous à une ou deux tâches dans l'Église et accordez aux autres une certaine liberté dans les autres domaines. Mark se consacre principalement à la préparation des sermons et il exerce un minimum de contrôle dans presque tout le reste. Quand une personne souhaite voir l'Église faire davantage dans certains domaines, il lui permet de le faire et reste en dehors de cette entreprise. Cette façon de faire permet à d'autres personnes naturellement douées pour diriger de se démarquer. *Prenez-vous plaisir à voir les forces et les talents d'autres personnes et les encouragez-vous à les développer ? Ou bien êtes-vous un trompettiste qui ne*

se soucie que de la trompette et ne se donne jamais la peine d'apprécier et d'encourager les instruments à cordes ?

- Ne faites pas de microgestion. Il y a quelques domaines où Mark microgère. Il s'assure par exemple que son personnel est présent à l'heure aux réunions et aux cultes. Mais en ce qui concerne tout le reste, il leur donne carte blanche. Non seulement la microgestion épuise le dirigeant, mais qui plus est, elle sape l'initiative des autres. *Laissez-vous d'autres personnes faire et terminer certaines tâches même lorsque vous savez que vous pourriez mieux les faire ?*
- Soyez prêt à recevoir la critique. Mark donne l'exemple en invitant les autres à lui faire part de leurs commentaires. Cela donne aux dirigeants potentiels l'espace nécessaire pour déployer leurs ailes. Si vous n'invitez jamais les autres à vous faire part de leurs critiques, vous enseignez à votre entourage qu'il doit se conformer à vos préférences au risque d'être puni. Les nouveaux responsables ne peuvent pas grandir dans ce genre d'environnement. Soit ils se flétrissent, soit ils partent. *Invitez-vous la critique dans votre vie ? Dites-vous « merci » lorsque des personnes vous répondent, ou bien vous défendez-vous ?*
- Priez pour les autres Églises et les autres dénominations. Cela éradique le tribalisme et nous maintient concentrés sur l'Évangile plutôt que sur le dirigeant de l'Église. La prière permet aux dirigeants en herbe d'apporter de nouvelles initiatives pour l'Évangile. *Encouragez-vous le travail*

d'autres personnes et d'autres équipes qui poursuivent les mêmes objectifs que vous? Ou tout est-il à propos de gagner?

- Soyez prompts à pardonner. Il est difficile de céder son autorité lorsqu'on cherche sans arrêt les défauts ou les fautes des autres. Si on ne voit que les erreurs, on a du mal à faire confiance ou à confier des choses. En revanche, quand on est prompt à pardonner, il est plus facile de confier des tâches aux autres et de les responsabiliser. *Sommes-nous prompts à pardonner? Ou bien disqualifions-nous les gens rapidement?*
- Réjouissez-vous des victoires des autres. Devez-vous être celui qui réussit ou êtes-vous heureux d'assumer simplement le rôle d'assistant? Mark se réjouit des victoires des autres autant que des siennes. Lorsque c'est possible, il préfère que quelqu'un d'autre fasse le travail. Cela lui permet de s'occuper d'autres choses. *À quelle fréquence des mots d'encouragement sortent-ils de votre bouche? À quelle fréquence félicitez-vous d'autres personnes au sujet de leurs performances, en particulier lorsque cela relève de votre domaine de compétence?*

Comme je l'ai déjà dit, tous ces exemples et ces questions dépassent le cadre de la formation un à un. Ils indiquent plutôt une attitude et une manière de vivre globales. Et cette attitude est la suivante : « Dieu m'a donné du temps et du talent, et je vais employer le meilleur de mon temps et de mon talent pour équiper et habiliter les autres. Je ne vais pas simplement entretenir mon propre jardin. Je vais les aider à entretenir le leur. » Après tout, qu'est-ce qui est le plus beau :

une parcelle de jardin de 8 m^2 bien entretenue où poussent vos roses ? Ou alors une mosaïque entière de jardins de 8 m^2 remplie de vos roses, mais aussi de leurs tulipes, marguerites, bégonias, lis, iris, hortensias, œillets et bien plus encore ?

CÉDER L'AUTORITÉ FAÇONNE LA CULTURE DE L'ÉGLISE

Pensez à ce qui arrive lorsque le responsable qui est « à la tête » est connu pour savoir céder généreusement son autorité aux anciens en place et à d'autres membres de l'Église. Pensez à ce qui arrive lorsque les membres d'une Église œuvrent tous pour devenir des exportateurs d'opportunités. Pensez à ce qui arrive lorsqu'on donne de l'autorité aux personnes que l'on forme comme disciples. Que se produit-il ? Cela façonne la culture de l'Église de différentes manières toutes merveilleuses. Et cela plante et nourrit cette mosaïque de magnifiques jardins.

1. Cela aide à maintenir l'Évangile au premier plan. Céder l'autorité dirige le regard de l'Église sur les objectifs de l'Évangile plutôt que sur le dirigeant.
2. Cela favorise les vraies relations. Dans un environnement où l'autorité est jalousement gardée, les relations sont marquées par la politique et la stratégie. On reste sur nos gardes, on n'expose pas sa vulnérabilité et la transparence diminue. Mais lorsque les gens se sentent responsabilisés, ils sont plus à même d'être ouverts et honnêtes.

3. Cela empêche l'Église de sombrer dans le tribalisme. Les gens qui cèdent continuellement leur autorité enseignent à leur entourage qu'ils s'intéressent surtout au succès de l'Évangile, peu importe qui dirige (voir Ph 1.12-30).
4. Cela encourage les membres de l'Église à partager leurs ressources. Lorsqu'on voit nos dirigeants être centrés sur autre chose qu'eux-mêmes, on est également plus enclins à donner aux autres.
5. Cela détruit la hiérarchie sociale naturelle. Les membres interagissent d'égal à égal. Pourquoi ? Parce que l'Évangile est maintenu au centre. Nous sommes tous des pécheurs sauvés par la grâce. Les dirigeants ne dominent pas les autres, ce qui constitue un modèle pour tout le monde.
6. Cela cultive la confiance. Lorsque les dirigeants et les membres ne sont pas centrés sur eux-mêmes, il est plus facile de se sentir en confiance concernant leurs motivations, même quand ce qu'ils demandent exige des sacrifices de notre part.
7. Cela nous rend enseignables et ouverts à la critique. Une fois de plus, si je fais confiance aux gens qui sont supérieurs à moi (de manière officielle ou non), je suis plus enclin à écouter leurs critiques. J'ai confiance au fait qu'ils sont enracinés dans l'amour plutôt que dans l'aspiration à s'élever eux-mêmes.
8. Cela favorise la volonté de pardonner. Lorsqu'un responsable est prompt à pardonner les fautes des autres, il est

plus disposé à leur confier une part d'autorité et les autres arriveront à faire de même.

9. Cela encourage l'Église à s'orienter vers la formation. Une Église qui voit ses dirigeants œuvrer continuellement pour former et habiliter les autres aura du mal à ne pas suivre cette vision et la partager.
10. Cela aide à se tourner vers les autres. Tout ce processus de formation des dirigeants aide les membres de l'Église à comprendre que leur objectif n'est pas seulement de s'améliorer eux-mêmes le plus possible, mais aussi d'aider les autres à être plus heureux et en meilleure santé.

Bien sûr, on peut déléguer de la mauvaise manière ou simplement par paresse. Bien déléguer requiert de la sagesse. La question se résume à l'attitude du cœur : sommes-nous heureux de voir d'autres acquérir de l'autorité ou la gardons-nous jalousement de peur que les gens ne finissent par nous dépasser ? Si nous nous trouvons dans le premier cas, que faisons-nous pour la partager ?

Dieu lui-même est l'exemple suprême d'une personne qui exerce l'autorité tout en la cédant, et c'est ce qu'il a fait par l'intermédiaire de Jésus-Christ. Dieu a créé Adam à son image et l'a « couronné » de gloire et de magnificence, plaçant tout sous son autorité (Ps 8.5,6). Il a ensuite conféré à Christ toute autorité dans le ciel et sur la terre afin de se constituer un peuple (Mt 28.18 ; voir aussi Hé 2.6-8). Christ a ensuite commandé à ce peuple, c'est-à-dire à nous, de faire des disciples pour que nous puissions participer à son règne. Étonnamment, la Bible parle même d'une humanité rachetée qui règne *avec* Dieu (dans 2 Ti 2.12 ; Ap 20.6, littéralement « être rois avec »).

Si Christ veut partager avec joie son règne avec nous, combien plus trouverons-nous de la joie à partager ce règne avec les autres ? Je pense que c'est là le mot-clé de la formation de disciples : partager le règne. Et quel en sera le résultat ? Nous connaîtrons la joie du Dieu créateur et rédempteur lui-même.

APPENDICE

Suggestions de livres qui peuvent être utilisés en parallèle avec la Bible dans la formation de disciples

ALLBERRY, Sam, *Dieu est-il homophobe ?*, Éditions Cruciforme/BLF Éditions, 2017.

ANYABWILE, Thabiti, *Finding Faithful Elders and Deacons* [Trouver des anciens et des diacres fidèles], trad. libre, Wheaton, Ill., Crossway, 2012.

CARSON, D. A., *The Difficult Doctrine of the Love of God* [La doctrine complexe de l'amour de Dieu], trad. libre, Wheaton, Ill., Crossway, 2000.

CARSON, D. A., *Praying with Paul: A Call to Spiritual Reformation* [Prier avec Paul : un appel à la réforme spirituelle], trad. libre, Grand Rapids, Mich., Baker Academic, 2014.

COLEMAN, Robert, *Évangéliser selon le maître*, BLF Éditions, 2013.

DEVER, Mark, *The Gospel and Personal Evangelism* [L'Évangile et l'évangélisation personnelle], trad. libre, Wheaton, Ill., Crossway, 2007.

DEVER, Mark, *L'Église : un bilan de santé*, Trois-Rivières, Éditions Cruciforme, 2014.

DEYOUNG, Kevin, *Croire Dieu sur parole*, BLF Éditions/Éditions Cruciforme, 2016.

DEYOUNG, Kevin, *Et si Dieu voulait autre chose pour moi…*, La Maison de la Bible, 2018.

GILBERT, Greg, *Qu'est-ce que l'Évangile ?*, Éditions Clé/Éditions Impact, 2012.

HELM, David, *One to One Bible Reading: A Simple Guide for Every Christian* [La lecture de la Bible un à un : un guide simple que chaque chrétien devrait avoir], trad. libre, Kingsford, Matthias Media, 2011.

LEEMAN, Jonathan, *Être membre d'une Église locale*, Trois-Rivières, Éditions Cruciforme, 2018.

LEEMAN, Jonathan, *Reverberation: How God's Word Brings Light, Freedom, and Action to His People* [Réverbération : comment la Parole de Dieu éclaire, libère et pousse son peuple à agir], trad. libre, Chicago, Moody, 2011.

MAHANEY, Carolyn, *Top-modèle féminin dans un monde féministe*, BLF Éditions, 2012.

MAHANEY, C. J., *Living the Cross-Centered Life: Keeping the Gospel the Main Thing* [Une vie centrée sur la croix : faire de l'Évangile la chose principale], trad. libre, Sisters, Oreg., Multnomah, 2006.

MAHANEY, C. J., *L'humilité : la vraie grandeur*, Trois-Rivières, Éditions Cruciforme, 2013.

MANDRYK, Jason, *Operation World: The Definitive Prayer Guide to Every Nation* [Opération monde : l'incontournable guide de prière pour les nations], trad. libre, Colorado Springs, Biblica, 2010.

METZGER, Will, *Tell the Truth: The Whole Gospel Wholly by Grace Communicated Truthfully and Lovingly* [Dire la vérité : l'Évangile partagé dans la grâce, la vérité et l'amour], trad. libre, Downers Grove, Ill., InterVarsity Press, 1981, 2012.

PACKER, J. I., *Concise Theology: A Guide to Historic Christian Beliefs* [Synthèse de la théologie : l'histoire des croyances chrétiennes], trad. libre, Wheaton, Ill., Tyndale, 1993.

PACKER, J. I., *L'évangélisation et la souveraineté de Dieu*, Éditions Grâce et Vérité, 1990.

PACKER, J. I., *Connaître Dieu*, Éditions Grâce et Vérité, 1994.

PHILLIPS, Richard, *The Masculine Mandate: God's Calling to Men* [Le mandat masculin : l'appel de Dieu pour les hommes], trad. libre, Lake Mary, Flor., Reformation Trust, 2009.

PIPER, John, *God Is the Gospel: Meditations on God's Love as the Gift of Himself* [Dieu est l'Évangile : méditations sur l'amour d'un Dieu qui s'est donné lui-même], trad. libre, Wheaton, Ill., Crossway, 2005.

PIPER, John, *Future Grace: The Purifying Power of the Promises of God* [Une grâce à venir : le pouvoir purificateur des promesses de Dieu], trad. libre, éd. révisée, Colorado Springs, Multnomah, 2012.

PIPER, John, *Les plaisirs de Dieu : méditations sur le plaisir de Dieu à être Dieu*, Ministère Multilingue, 2006.

RICUCCI, Gary et Betsy, *Love That Lasts: When Marriage Meets Grace* [Un amour qui dure : la grâce au sein du couple], trad. libre, Wheaton, Ill., Crossway, 2006.

ROBERTS, Vaughan, *Panorama de la Bible : y voir clair de la Genèse à l'Apocalypse*, Éditions Farel, 2012.

RYLE, J. C., *A Call to Prayer* [Un appel à la prière], trad. libre, Carlisle, Penns., Banner of Truth, 2005.

RYLE, J. C., *Holiness* [La sainteté], trad. libre, version abrégée, Chicago, Moody, 2010.

SAER, Orlando, *Big God: How to Approach Suffering, Spread the Gospel, Make Decisions and Pray in the Light of a God Who Really Is in the Driving Seat of the World* [Un grand Dieu : comment aborder la souffrance, partager l'Évangile, prendre des décisions et prier à la lumière d'un Dieu qui se trouve réellement aux commandes du monde], trad. libre, Ross-shire, Christian Focus, 2014.

SIBBES, Richard, *The Bruised Reed* [Le roseau cassé], trad. libre, Édimbourg, Banner of Truth, 1998.

SPROUL, R. C., *The Holiness of God* [La sainteté de Dieu], trad. libre, seconde édition, Wheaton, Ill., Tyndale, 1998.

STILES, Mack, *Evangelism: How the Whole World Speaks of Jesus* [L'évangélisation : comment le monde entier parle de Jésus], trad. libre, Wheaton, Ill., Crossway, 2014.

TRAEGER, Sebastian, et Greg GILBERT, *The Gospel at Work: How Working for King Jesus Gives Purpose and Meaning to Our Jobs* [L'Évangile au travail : en quoi travailler pour le roi Jésus donne-t-il du sens à notre emploi], trad. libre, Grand Rapids, Mich., Zondervan, 2013.

WELCH, Edward, *Quand les hommes ont plus d'importance que Dieu : surmonter la pression exercée par les pairs, la dépendance affective et la crainte des hommes*, Trois-Rivières, Éditions Impact, 2011.

WHITNEY, Don, *Spiritual Disciplines of the Christian Life* [Les disciplines spirituelles de la vie chrétienne], trad. libre, éd. révisée, Colorado Springs, NavPress, 2014.

NOTES

Introduction

1. Robert D. Putnam, *Bowling Alone: The Collapse and Revival of American Community* [Jouer seul aux quilles : l'effondrement et le réveil de la communauté américaine], trad. libre, New York, Simon & Schuster, 2000 ; Sherry Turkle, *Seuls ensemble : de plus en plus de technologies, de moins en moins de relations humaines*, Éditions l'Échappée, 2015 ; Eric Klinenberg, *Going Solo: The Extraordinary Rise and Surprising Appeal of Living Alone* [En solo : l'ascension extraordinaire et surprenante d'une vie en solo], trad. libre, New York, Penguin, 2012.
2. Klinenberg, *Going Solo*, p. 208.
3. *Ibid.*
4. David F. Wells, *Above All Earthly Pow'rs: Christ in a Postmodern World* [Au-dessus de tout pouvoir terrestre : Christ dans un monde post-moderne], trad. libre, Grand Rapids, Mich., Eerdmans, 2005, p. 119.

Chapitre 2 : Une vie orientée vers les autres

1. Charles Bridges, *The Christian Ministry: With an Inquiry into the Causes of Its Inefficiency* [Le ministère chrétien : une

enquête sur les causes de son inefficacité], trad. libre, Carlisle, Penns., Banner of Truth, 1959, p. 75.

Chapitre 3 : Le travail de formation de disciples

1. Erin Wheeler, « Discipling When You Need to Be Discipled » [Former lorsqu'on a soi-même besoin d'être formé], trad. libre, site Web de 9Marks, 2012, < https://www.9marks.org/article/journaldiscipling-when-you-need-be-discipled/ >.
2. C. H. Spurgeon, *C. H. Spurgeon Autobiography, vol. 2, The Full Harvest* [Autobiographie de C. H. Spurgeon, vol. 2, La grande moisson], trad. libre, Carlisle, Penns., Banner of Truth, 1973, p. 131.

Chapitre 4 : Les objections à former des disciples

1. Alice Fryling, *Disciplemakers' Handbook: Helping People Grow in Christ* [Le manuel du formateur de disciples : aider les autres à grandir en Christ], trad. libre, Downers Grove, Ill., InterVarsity Press, 1989, p. 48.

Chapitre 9 : Payer le prix

1. Alexander B. Grosart qui cite Richard Sibbes, « The Bride's Longing », dans *Works of Richard Sibbes, vol. 6* [« L'attente de l'épouse », dans Les œuvres de Richard Sibbes, vol. 6], trad. libre, Carlisle, Penns., Banner of Truth, 1983, p. 560.

Chapitre 10 : Former des responsables

1. Samuel Miller, *Letters on Clerical Manners and Habits: To a Student in the Theological Seminary at Princeton, N.J.* [Lettres sur les mœurs et les habitudes cléricales : à un étudiant du séminaire théologique de Princeton, N. J.], trad. libre, série sur la philosophie et la religion américaine, Bedford, Mass., Applewood Books, 1827, p. 406-407.
2. Henry Drummond, *The Greatest Thing in the World and Other Addresses* [La chose la plus grande au monde et autres discours], trad. libre, Londres, Hodder and Stoughton, 1959, p. 36.

INDEX DES RÉFÉRENCES BIBLIQUES

IX 9Marks

Bâtir des Églises en bonne santé

Votre Église est-elle en bonne santé ?

Le ministère de 9Marks existe pour donner une vision biblique et des ressources pratiques aux dirigeants d'Église dans le but de manifester la gloire de Dieu aux nations par l'entremise d'Églises en bonne santé.

À cette fin, le ministère 9Marks désire aider les croyants à identifier les neuf traits essentiels d'une Église en bonne santé :

1. une prédication qui expose toute la Bible de manière systématique ;
2. une théologie biblique ;
3. une compréhension biblique de l'Évangile ;
4. une compréhension biblique de la conversion ;
5. une compréhension biblique de l'Évangélisation ;
6. une compréhension biblique de ce qu'est un membre de l'Église ;
7. une compréhension biblique de la discipline dans l'Église ;
8. une compréhension biblique de l'encadrement des disciples ;
9. une compréhension biblique de la direction d'une Église.

Chez 9Marks, nous produisons des articles, des livres, des critiques de livres et un journal en ligne. Nous organisons des conférences, enregistrons des interviews et produisons d'autres ressources pour équiper les Églises afin qu'elles puissent faire rayonner la gloire de Dieu.

Visitez notre site Web pour trouver du contenu dans plus de 30 langues et inscrivez-vous pour recevoir notre journal en ligne gratuit.

www.9marks.org

DU MÊME AUTEUR

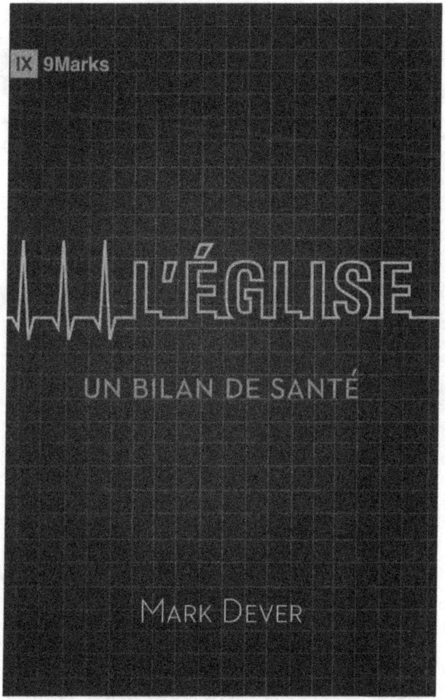

L'ÉGLISE : UN BILAN DE SANTÉ

MARK DEVER

L'auteur cherche à aider les croyants à reconnaître les traits essentiels d'une Église saine : prédication par exposition du texte, théologie biblique et une compréhension juste de l'Évangile. Mark Dever interpelle tous les croyants à apporter leur contribution afin de garder l'Église locale en bonne santé.

5,5 x 8,5 po | broché | 124 pages | 978-2-924110-33-1

LA CONVERSION

Comment Dieu se forme un peuple

MICHAEL LAWRENCE

Quand une Église s'attache aux enseignements de la Bible concernant la conversion, elle appelle les gens à la repentance et à la foi, plutôt qu'à des décisions ponctuelles, des guérisons thérapeutiques ou des choix de vie moraux. Ce petit livre a été écrit pour aider les Églises à comprendre l'impact de la doctrine de la conversion sur toutes les facettes de la vie d'une Église locale.

5 x 7 po | broché | 176 pages | 978-2-924595-52-7

POUR ALLER PLUS LOIN

ÊTRE MEMBRE D'UNE ÉGLISE LOCALE

L'importance de représenter Jésus aux yeux du monde

JONATHAN LEEMAN

Jonathan Leeman aborde ce sujet en expliquant clairement ce que signifie « être membre d'une Église locale », puis il montre pourquoi l'adhésion à une Église est vitale pour le chrétien. En redonnant à l'Église sa juste valeur, l'auteur présente des arguments solides pour nous convaincre de nous engager auprès de notre assemblée locale.

5 x 7 po | broché | 174 pages | 978-2-924595-34-3

LA DISCIPLINE D'ÉGLISE

L'importance de protéger la réputation de Jésus-Christ et de son Église

JONATHAN LEEMAN

Jonathan Leeman nous aide à affronter la variété infinie de circonstances et de péchés pour lesquels il n'existe aucune étude de cas dans les Écritures, des inconduites qu'on ne retrouve sur aucune liste et pour lesquelles un cadre biblique est nécessaire, afin de pouvoir les corriger de façon appropriée et dans l'amour.

5 x 7 po | broché | 190 pages | 978-2-924595-44-2